40 RECETTES
KIMCHI CORÉEN

Notre démarche éco

Aujourd'hui, une espèce sur huit est menacée d'extinction, 3.2 millards de personnes sont impactées au quotidien par les changements climatiques, la déforestation continue et on constate des émissions records de gaz à effet de serre CO2. Notre équipe souhaite participer à l'effort écologique commun.

En utilisant uniquement de l'encre noire à l'intérieur de nos livres, nous réduisons considérablement la consommation de cartouches et nous produisons moins de C02.

Pour que cet ouvrage reste un véritable livre de cuisine, à chacune des pages vous pouvez **scanner un QR code pour voir la photo de la recette.**

Ce petit geste permet à notre équipe de contribuer à l'effort écologique, et nous a permis de créer le premier livre de recette anti gaspi interactif.

N'hésitez pas à nous soutenir en laissant votre avis sur Amazon

Encre noire

Impact Écologique

Photos en QR code

SOMMAIRE

SOMMAIRE

SOMMAIRE

Pour vous remercier, nous vous offrons cinq de nos meilleures recettes du livre "40 recettes Poke Bowl" de notre collection. Ce plat provenant de Hawaï est idéal pour votre santé et votre hygiène de vie, nous ne pouvons que vous conseiller de tester ces délicieuses préparations et les faire goûter à votre bébé !

SCANNEZ LE QR CODE
POUR RETROUVER LE LIVRE
COMPLET ➡️

SOMMAIRE

SOMMAIRE

1

1. **C'est quoi le Kimchi ?**

Le kimchi est un plat traditionnel coréen dont les composants peuvent varier mais comprennent généralement une combinaison de légumes, d'ail, de gingembre, de piments, de sel et de sauce de poisson. Le mélange est mariné et fermenté, ce qui était à l'origine un moyen de conserver les légumes pour les mois d'hiver. Le chou est le légume le plus couramment utilisé pour faire du kimchi, mais les carottes, les radis, les concombres et les oignons verts sont aussi fréquemment utilisés. Il existe des centaines de recettes de kimchi qui varient en fonction de la région et de la saison où elles sont produites, et il est très facile d'en faire un plat végétalien en conservant tous les ingrédients à base de plantes.

Le kimchi est disponible dans le commerce et n'est pas cher, mais il peut être amusant de composer son propre kimchi en fonction de ses préférences. L'un des avantages du kimchi fait maison est que vous pouvez en contrôler la saveur en contrôlant les ingrédients qui le composent. En le préparant à la maison, vous pouvez également utiliser les ingrédients qui conviennent à votre régime alimentaire (par exemple, le kimchi végétalien). La préparation des légumes peut prendre un peu de temps, mais comme pour d'autres aliments fermentés (bière, pain) il ne faut pas y toucher. C'est au cours de ce processus que le kimchi développera ses saveurs et son profil nutritionnel. Le kimchi se conserve longtemps, ce qui en fait un aliment économique, polyvalent et facile à préparer à avoir dans son réfrigérateur.

Quel est son goût ?

La saveur du kimchi est complexe et varie largement en fonction de la recette. Les principales notes de saveur que vous trouverez dans le kimchi sont l'aigre, l'épicé et l'umami. La saveur varie également en fonction des légumes que vous choisissez, de la durée de la fermentation et de la quantité de sel ou de sucre utilisée.

Le kimchi étant un plat fermenté, sa saveur la plus marquante est généralement acide. L'acide lactique produit par les bactéries pendant la fermentation crée une saveur acidulée et piquante semblable à celle de la choucroute. L'ail, s'il est présent dans le kimchi, intensifie son goût pendant la fermentation.

Les produits lacto-fermentés développent cette saveur Umami que l'on appelle la 5ème saveur et qui est à la fois douce et sapide, la saveur « délicieuse » des produits comme la charcuterie crue ou les crevettes grillées par exemple.

2. Les différents ingrédients du Kimchi

Les variétés de Kimchi sont déterminées par les principaux légumes et le mélange d'assaisonnement utilisé.

- **Légumes**

Il existe de nombreux types de Kimchi, mais sa version la plus célèbre est le Kimchi au chou. Pour de nombreuses familles, ce repas piquant et souvent épicé est une source de fierté et rappelle le goût d'un bon foyer. Les choux (choux napa, bomdong, choux pommés) et les radis (radis coréens, radis en queue de cheval, radis gegeol, radis yeolmu) sont les légumes kimchi les plus couramment utilisés. Les autres légumes kimchi incluent: aster, racines de fleurs ballon, racines de bardane, céleri, coriandre, cresson, feuilles de marguerite en couronne, concombre, aubergine, ciboule de Chine, gousses d'ail, arbre à l'angélique de Corée, persil coréen, racines de lotus, feuilles de moutarde, oignons, feuilles de perilla, pousses de bambou, margoses, citrouilles, feuilles de colza, oignons verts, pousses de soja, épinards, betteraves à sucre, patates douces et tomates.

- **Assaisonnements**

Le sel de saumure (dont le grain est plus gros que le sel de cuisine) est principalement utilisé pour le salage initial des légumes kimchi. Étant peu transformé, il contribue au développement des arômes dans les aliments fermentés. Les assaisonnements couramment utilisés comprennent le gochugaru (poudre de chili), les oignons verts, l'ail, le gingembre et le jeotgal (fruits de mer salés). Le jeotgal peut être remplacé par des fruits de mer crus dans les régions plus froides du nord de la péninsule coréenne. S'il est utilisé, le saeu-jeot (crevette salée) plus doux est préférable. En Corée du Sud, en revanche, on utilise couramment une quantité généreuse de myeolchi-jeot (anchois salés) et de galchi-jeot (poisson-sabre salé). Des fruits de mer crus ou daegu-agami-jeot (branchies de morue salée) sont utilisés sur les zones de la côte est. Du sel, des oignons verts, de l'ail, de la sauce de poisson et du sucre sont couramment ajoutés pour parfumer le kimchi.

3

3. Comment conserver le Kimchi ?

Il est important de savoir comment conserver correctement le kimchi afin de le garder "frais" plus longtemps. La meilleure façon de conserver le kimchi est de le garder dans un récipient hermétique et au réfrigérateur.

Mieux encore, si vous disposez d'un réfrigérateur spécialisé comme un "réfrigérateur à kimchi" à la maison, il vous aidera à conserver le kimchi à la température idéale. Une température froide constante aidera à prévenir la détérioration et à maintenir une qualité optimale du kimchi. Pour le "contenant à Kimchi", il est recommandé un récipient en acier inoxydable ou, à tout le moins, un récipient en plastique sans BPA.

Ces contenants de kimchi vont au-delà des contenants hermétiques ordinaires. Le kimchi dans ces contenants dure vraiment beaucoup plus longtemps. Vos préparations de kimchi auront encore un goût de frais même après 4 semaines de fermentation au réfrigérateur.

Veillez à ne remplir votre récipient de kimchi qu'à 70 ou 80 % de sa capacité. Cela permet d'éviter que le liquide de kimchi ne déborde et que le gaz généré par la fermentation ne circule autour du récipient au lieu de sortir.

Plus le kimchi est exposé à l'oxygène, plus il fermente rapidement. Cela peut entraîner le développement de moisissures et augmenter le risque d'une mauvaise odeur.

Pour conserver le kimchi, la température idéale est de 3 à 5 degrés Celsius. Essayez donc d'ouvrir le moins possible la porte du réfrigérateur, car cela entraîne des fluctuations de la température interne du réfrigérateur.

Le kimchi se conserve généralement au réfrigérateur pendant quelques mois, mais selon les conditions de stockage, vous pouvez le conserver jusqu'à un an environ.

4

 1 h 30 minutes

 1 h

1 personne

Kimchi épicé

Préparation :

ÉTAPE 1
Couper le chou en quartier en bâtonnets de 5 cm fins et le rincer. Saler avec du gros sel, mélanger et laisser reposer 1 à 2 heures.

ÉTAPE 2
Saler le chou : l'ouvrir et verser, le badigeonner.
Bien saler la partie blanche et peu la partie verte : la partie verte prend plus rapidement le goût du sel. Vous risquez d'avoir des bouts de feuilles extrêmement salés. Laisser le chou reposer 1 heure dans des récipients. Les retourner 3 ou 4 fois pendant l'heure. Nettoyer le chou à l'eau claire pour retirer le sel. Le chou doit être légèrement salé au goût mais pas immangeable. Rincer tant que le chou est trop salé.

ÉTAPE 3
Dans une casserole mélanger la farine, l'eau et le dashida (optionnel) et mettre sur le feu. Retirer du feu dès que ça commence à bouillir. Bien mélanger pour obtenir une pâte.
Laisser refroidir.

ÉTAPE 4
Ecraser toutes les gousses d'ail en purée, mélanger avec le myeolchi aekjeot et le kkanari aekjeot (sauce poisson, ou nuoc mam), le saeujeot (optionnel), le gochugaru, le gingembre et l'eau. Ajouter la pâte à fermentation et bien mélanger. Laisser reposer 10 minutes.

ÉTAPE 5
Prendre un quartier de chou et badigeonner généreusement chaque feuille en allant bien jusqu'au cœur du chou. Aucune partie du chou ne doit rester blanche. Bien compresser les quartiers de chou dans un tupperware pour qu'aucune bulle d'air ne reste coincée, puis fermer le tupperware.

: Ingrédients

- 1 chou chinois
- 1 navet japonais (long) ou 2 navets ronds
- Gros sel
- 1 botte ciboule asiatique (ou oignons nouveaux ou 1 poireau)

Pour la marinade
- 70-100 g gochugaru (poudre de piment coréenne) (100g si vous l'aimez piquant)
- 1 cuillère à soupe gingembre écrasé ou en poudre
- 12-15 gousses d'ail
- 3 cuillères à soupe Myeolchi Aekjeot (sauce poisson coréenne à l'anchois) (peut être remplacé par du nuom mam)
- 3 cuillères à soupe Kkanari Aekjeot (autre sauce poisson coréenne) (peut être remplacé par du nuom mam)
- 80 g Saeujeot (petites crevettes fermentées coréennes) (optionnel, peut être remplacé par 2 cuillères à soupe de sauce poisson à l'anchois ou nuoc mam)
- 150 ml eau

Pour la pâte à fermentation
- 1 cuillère à soupe farine
- 20 cuillères à soupe eau
- 1 cuillère à café dashida (bouillon coréen d'anchois) (optionnel)

Dégustation :

5

 *12 h*

 20 minutes

1 personne

Kimchi blanc

Préparation :

ÉTAPE 1

Dans un grand bol de mélange, combinez 220 ml d'eau et le sel de roche. Remuez le mélange jusqu'à ce que le sel soit dissous. Ajoutez les quartiers de chou Napa dans le bol et frottez le mélange de sel gemme sur chaque feuille.

ÉTAPE 2

Au bout de 8 à 12 heures, pressez le chou et égouttez l'excès d'eau ; puis rincez le chou 2 à 3 fois pour enlever le plus de sel possible. Répétez le processus d'essorage et d'égouttage pour que le chou soit raisonnablement sec et mettez-le de côté pendant que vous préparez la sauce.

ÉTAPE 3

Dans un mixeur, combinez la sauce de poisson, la poire, l'oignon, le gingembre, l'ail, et mixez jusqu'à obtenir une consistance très lisse. Transférer dans un grand bol de mélange.

ÉTAPE 4

Ajouter à ce mélange l'eau de seltz, les crevettes salées, le roux de riz, les carottes et les poivrons, et bien mélanger le tout.

ÉTAPE 5

Placez le kimchi dans de grands bocaux hermétiques munis de couvercles. Vous pouvez également recouvrir le mélange d'une couche de film plastique avant de fixer les couvercles. Laissez le kimchi reposer à température ambiante pendant au moins 2 jours, ou plus longtemps si vous souhaitez une saveur plus prononcée. Puis mettez-le au réfrigérateur pendant 5 jours supplémentaires. Le kimchi se conservera environ un mois au réfrigérateur.

Dégustation :

: Ingrédients

- 2 têtes de chou Napa, coupées en quatre dans le sens de la longueur
- 80g de sel gemme ou de sel très grossier
- 160g de farine de riz (non glutineux)
- 50g de sucre de canne
- 200g de sauce de poisson (si vous êtes végétarien, utilisez plutôt une sauce d'huître végétarienne)
- 1 tête d'ail, épluchée
- 1 gros morceau de gingembre frais, épluché
- 1 grosse poire asiatique, pelée, évidée et coupée en deux
- 1 gros oignon jaune, pelé et coupé en deux
- 1 boîte de boisson gazeuse au citron ou à la lime
- 100g de petites crevettes salées (saeujeot)
- 1 bouquet d'oignons verts, coupés en 2 cm
- 50 g de carottes râpées
- 50 g de poivrons rouges, jaunes ou orange coupés en julienne

Kimchi de chou au Gochujang

6

1 h

0 minute

10 personnes

Préparation :

ÉTAPE 1

Mélanger le sel et l'eau. Remuer pour bien dissoudre le sel.

ÉTAPE 2

Y plonger le demi chou chinois en laissant tremper 1h si le chou est frais et mou ou 5h s'il est dense.

Mélanger le gochujang avec de l'eau jusqu'à gonflement, en attendant, couper en julienne le daikon, les carottes et les oignons. Ciseler les cébettes. Écraser l'ail et le gingembre dans un mortier. Râper la pomme et la poire.

ÉTAPE 3

Mélanger le tout à la main avec la sauce de poisson et les crevettes.

ÉTAPE 4

Insérer à la main la préparation entre chaque feuille et enrouler à l'aide de la grande feuille extérieure.

Remplir le bocal et bien presser pour tout faire entrer. Verser un peu de saumure si besoin pour garder le kimchi immergé.

Refermer et laisser fermenter pendant 10 jours à température ambiante puis conserver au frais.

Ce kimchi peut être consommé dès le 10ème jour en mode « primeur » mais il se bonifie avec le temps et peut atteindre 1 voire 2 ans d'âge.

: Ingrédients

- 1/2 choux chinois (environ 750 gr)
- 75 gr de sel de Maldon
- 400 gr d'eau
- 90 gr de daikon
- 2 cuillères à soupe de cébette
- 2 cuillères à soupe de carotte
- 2 cuillères à soupe d'oignon
- 1/4 de pomme
- 1/4 de poire
- 2 cuillères à soupe d'ail
- 1 cuillère à soupe de gingembre
- 4 cuillères à soupe de gochujang
- 2 cuillères à soupe d'eau chaude
- 1 cuillère à café de crevettes coréennes
- 1 cuillère à café de Fish Sauce

Dégustation :

Kimchi Pak Choi

 *2 h*

 *5 minutes*

 *4 personnes*

Préparation :

ÉTAPE 1

Bien laver les bok choy. Couper chaque bok choy en quatre sur la longueur.

Dans un bol, combiner les 1,25 litres d'eau avec le gros sel. Placer les quartiers de bok choy dans l'eau salée. Laisser tremper à température ambiante pendant 1 heure 30 minutes.

ÉTAPE 2

Dans une petite casserole, porter 250 ml à ébullition. Ajouter la farine de riz. En fouettant constamment, amener encore à ébullition. Retirer du feu immédiatement et laisser refroidir.

Dans un bol, combiner le mélange de farine de riz refroidi avec tous les autres ingrédients de la marinade.

ÉTAPE 3

Égoutter le bok choy et bien mélanger avec la marinade.

Couvrir et laisser le bok choy fermenter à température ambiante pendant 1 jour.

Après 24 heures à température ambiante, mettre le kimchi au réfrigérateur.

Servir avec du riz collant.

: Ingrédients

- 16 mini bok choys
- 1.25 L d'eau
- 125 ml de gros sel

MARINADE

- 250 ml d'eau
- 15 ml de farine de riz gluant sucré
- 30 ml de pâtes de crevettes
- 30 ml d'ail, pelé et râpé
- 15 ml de gingembre, pelé et râpé
- 30 ml de sucre
- 65 ml de poudre de chili coréen
- 50 g de daikons, pelé et coupé en julienne
- 50 g de carottes, pelées et coupées en julienne
- 50 g de ciboulette chinoise, coupée en tronçons
- 3 oignons verts, coupés en tronçons

Dégustation :

8

 *25 minutes*

 *5 minutes*

6 personnes

Kimchi concombre

Préparation :

ÉTAPE 1

Coupez les deux extrémités du concombre. Divisez le concombre en 3 morceaux puis coupez chaque morceau dans le sens de la longueur. Vous devriez vous retrouver avec des morceaux de concombre de 4 à 5 cm de long. Mettez le concombre dans un grand bol et répandez le gros sel marin sur le dessus. Mélangez-les délicatement pour que le concombre soit mariné de façon homogène. Mettez-le de côté pendant 20 minutes.

ÉTAPE 2

Brossez délicatement le sel sur le concombre puis transférez-le dans un bol propre. Versez la sauce kimchi et mélangez-les délicatement. (Si vous l'utilisez) Ajoutez les carottes et la ciboulette à l'ail puis mélangez à nouveau le tout. Transférer dans un récipient en verre et couvrir.

ÉTAPE 3

Gardez-le à température ambiante pendant environ 12 à 18 heures puis mettez-le au réfrigérateur. Servez une fois refroidi.

: Ingrédients

- 3 concombres libanais (450 g), un autre concombre convenant au saumurage peut être utilisé, rincé.
- 1 cuillère à soupe de gros sel marin
- 50 g de carottes, coupées en julienne (facultatif)
- 20 g de ciboulette à l'ail ou de ciboulette, hachée dans la même longueur que le concombre (facultatif)

Pour la sauce kimchi
- 2 cuillères à soupe de gochugaru (flocons de piment coréen)
- 1 cuillère à soupe d'ail haché
- 1 cuillère à soupe de pomme rouge ou de poire asiatique râpée
- 1 cuillère à soupe de miel ou de sucre
- 1/2 cuillère à soupe de saeujeot (crevette salée coréenne), émincée (si vous n'en avez pas, ajoutez plus de sauce de poisson ci-dessous).
- 1/2 cuillère à café de sauce de poisson coréenne
- 1/2 cuillère à café de gingembre émincé

Dégustation :

9

 *25 minutes*

 *0 minute*

3 personnes

Kimchi aux navets

Préparation :

ÉTAPE 1
Coupez les navets en laissant environ 1 cm de tige. Coupez les navets en deux dans le sens de la longueur et mettez-les dans un bocal en verre de 2 litres. Dissolvez 2 cuillères à soupe plus 1 cuillère à café de sel dans 1 pinte d'eau et versez la saumure sur les navets. Couvrez hermétiquement et laissez reposer à température ambiante pendant 24 heures.

ÉTAPE 2
Égouttez et rincez les navets. Lavez le bocal. Remettez les navets dans le bocal. Faites dissoudre les 2 cuillères à soupe et la cuillère à café de sel restantes dans le litre d'eau restant. Ajoutez l'ail, les oignons verts, le gingembre et le piment aux navets. Versez suffisamment de saumure dans le bocal pour couvrir les navets. Couvrir hermétiquement et laisser reposer à température ambiante pendant 24 heures, puis réfrigérer jusqu'à 5 jours.

: Ingrédients

- 2 bottes de petits navets blancs (environ seize navets)
- 60 g sel
- 2 litres d'eau
- 6 gousses d'ail, écrasées
- 3 oignons verts
- Morceau de gingembre frais pelé, coupé en fines rondelles
- 1 piment serrano - coupé dans le sens de la longueur, équeuté et épépiné

Dégustation :

Mini-roulés de Kimchi

 *25 minutes*

 *0 minute*

 *12 personnes*

Préparation :

ÉTAPE 1

Du kimchi blanc, prélevez les feuilles assez grandes (largeur 11-15cm) en essorant bien le jus (pressez-les fort, sans tordre)

Prélevez aussi un peu (3 c à soupe) de légumes d'assaisonnement, en essorant bien le jus. Hachez ces derniers, hachez les crevettes et poivrez puis écraser le tofu en miettes. Hachez (0,5 x0,5 cm) le poireau

ÉTAPE 2

Sur une poêle, feu moyen, sautez le poireau avec 1 cuillère à café d'huile d'olive 30 secondes

Ajoutez-y les crevettes et le tofu, continuez à sauter jusqu'il n'y ait plus de jus (environ 6 min)

Versez-les dans un grand bol, incorporez le riz et légumes d'assaisonnement haché et mêlez le tout

Salez très légèrement et poivrez

ÉTAPE 3

Sur une planche propre, ouvrez doucement (c'est fragile !) les feuilles et débarrassez la partie blanche épaisse

Donnez une incision en bas

Posez une noix de farce à l'aide d'une cuillère et tassez-la bien

Enveloppez-la fermement

Posez joliment 3 mini-roulés de kimchi et décorez avec le piment rouge prélevé du kimchi

Servez frais avec des baguettes (pas besoin de couteau, format une bouchée)

: Ingrédients

- 12 feuilles de chou de kimchi blanc au yaourt (vieux de 4-10 jours de fermentation)
- 3 cuillères à soupe de légumes d'assaisonnement du kimchi (radis, céleri, poire, oignon et raisin sec)
- 70g de riz rond cuit tiède
- 100 g de chair de crevette (100g de champignon de Paris pour Végétariens)
- 70 g de tofu
- 25 g poireau (partie vert pâle)
- Sel poivre

Dégustation :

11

 1 h

 1 h 15 minutes

 32 personnes

Préparation :

ÉTAPE 1

Pâte

Mettre la farine et le sel dans un saladier, ajouter l'eau et pétrir le tout pendant environ 5 min en une pâte souple et lisse. Former une boule avec la pâte, la couvrir et la laisser reposer environ 1 heure à température ambiante.

ÉTAPE 2

Farce

Mélanger le tofu, le kimchi, les courgettes et le sel. Mettre le tout dans un linge fin, bien presser et laisser reposer pendant environ 15 min dans une passoire. Presser une nouvelle fois, puis verser le mélange dans un saladier. Ajouter l'oignon botte et tous les ingrédients jusqu'au poivre compris, bien mélanger.

ÉTAPE 3

Façonnage

Couper la pâte en deux et former des rouleaux d'environ 32 cm de long. Couper chaque rouleau en 16 tronçons de taille égale. Sur un peu de farine, abaisser les morceaux de pâte en disques d'environ 8 cm de diamètre. Toujours bien les couvrir pour éviter qu'ils ne sèchent. Déposer environ 1 cuillère à soupe de farce au centre de chaque disque, les plier en demi-lunes, superposer les extrémités et bien presser, puis rabattre les bords vers le haut.

Raviolis

Faire cuire les raviolis par portions dans l'eau salée frémissante pendant env. 8 min. Les sortir de l'eau avec une écumoire, les réserver au chaud. Mélanger la sauce au soja et tous les autres ingrédients, servir avec les raviolis.

: Ingrédients

Pâte
- 250 g de farine blanche
- 1 ½ dl d'eau chaude

Farce
- 260 g de tofu émietté
- 150 g de kimchi haché menu
- 150 g de courgettes, râpée fin
- ¼ cuillère à café de sel
- 1 oignon botte avec les fanes émincé
- 2 gousses d'ail écrasées
- 1 cuillère à café d'huile de sésame
- ¼ cuillère à café de sucre
- Un peu de poivre

Raviolis
- Eau salée frémissante
- 4 cuillères à soupe de sauce au soja
- 1 cuillère de vinaigre de riz
- 1 cuillère à soupe d'eau
- ½ cuillère à café d'huile de sésame
- ½ cuillère à café de sucre
- 1 chili rouge épépiné et coupé en fines rondelles
- 1 gousse d'ail hachée menu

Dégustation :

 *5 minutes*

 *15 minutes*

 *4 personnes*

Préparation :

ÉTAPE 1

Dans une poêle/wok bien chauffée, ajoutez de l'huile de cuisson. Ajoutez la viande marinée et faites-la cuire à feu moyen-élevé jusqu'à ce qu'environ 70% de la viande soit cuite (3 à 5 minutes). Ajoutez le kimchi et le sucre et remuez-les bien jusqu'à ce que le kimchi soit complètement cuit et tendre (3 à 5 minutes). Ajouter l'huile de sésame, les graines de sésame et l'oignon vert et remuer rapidement. Retirez du feu.

ÉTAPE 2

Idéalement, cette étape devrait commencer en même temps que l'étape 1). Faites bouillir de l'eau dans une casserole (suffisamment pour couvrir le tofu) et une fois que l'eau bout, ajoutez le tofu et laissez-le cuire pendant 2 à 3 minutes. Égouttez l'eau et coupez le tofu en fines tranches (environ 5 cm x 5 cm). Faites attention à la vapeur chaude ou au tofu chaud lorsque vous le coupez en tranches. Conseil : si vous avez une toile de lin propre (par exemple une toile à fromage), enveloppez le tofu avec avant de le faire bouillir. Il est alors facile de le retirer tout en gardant la forme du tofu en place.

ÉTAPE 3

Servez le tofu et le kimchi sauté avec le porc dans une grande assiette. Dégustez pendant qu'ils sont encore chauds.

: Ingrédients

- 500 g de tofu ferme
- 500 ml de kimchi, utiliser du kimchi vieux d'au moins 2 à 3 semaines, finement tranché, ajouter également le jus qui sort du kimchi
- 10 g d'oignon vert, finement haché
- 1 cuillère à café de sucre brut
- 1 cuillère à soupe d'huile de sésame
- 1 cuillère à café de graines de sésame grillées
- Un peu d'huile de cuisson, j'ai utilisé de l'huile de son de riz
- Un peu d'eau pour faire bouillir le tofu

Viande et marinade

- 200 g de poitrine de porc ou d'épaule de porc ou de bœuf, coupés en fines tranches pour les faire sauter
- 1 cuillère à soupe de flocons de piment coréen (ajoutez-en plus ou moins selon votre préférence en matière d'épices)
- 1 cuillère à soupe de vin de riz (mirin)
- 2 cuillères à café de sauce soja
- 1 cuillère à café d'ail haché
- Quelques pincées de poivre noir moulu

Dégustation :

13

 *5 minutes*

 *20 minutes*

 *3 personnes*

Préparation :

ÉTAPE 1
Préparez la pâte à crêpes comme suit. Tamisez la farine et le sel. Ajoutez l'eau et fouettez-la bien. Ajoutez l'œuf battu, le Kimchi, le liquide du Kimchi et les piments. Mélangez-les bien. Ajoutez les glaçons pour garder la pâte froide.

ÉTAPE 2
Préchauffez une casserole / poêle jusqu'à ce qu'elle soit bien chaude. Versez une quantité généreuse d'huile de cuisson dans la poêle. Veillez à ce que l'huile soit répartie sur toute la surface de la poêle.

ÉTAPE 3
Prélevez le mélange de crêpes à l'aide d'une louche et versez-le sur la poêle. Veillez à ce qu'elle soit uniformément répartie.

ÉTAPE 4
Faites cuire le mélange à feu vif dans un premier temps pendant 10 à 20 secondes puis réduisez le feu à une température moyenne à faible. (Cuisez et terminez avec ce réglage de température).

ÉTAPE 5
Retournez la crêpe lorsque 70% de la crêpe est cuite. Cela signifie que le bas de la crêpe est cuit et que le haut de la crêpe est également partiellement cuit. Cela permet de retourner facilement la crêpe. Pressez la crêpe avec la spatule plusieurs fois pour la rendre croustillante.

ÉTAPE 6
Lorsque les deux côtés sont cuits, coupez la crêpe en tranches de la taille d'une bouchée. Servez. (N'oubliez pas de les servir avec une sauce coréenne pour tremper les crêpes).

Dégustation :

: Ingrédients

- 625 g de farine tout usage
- 625 ml d'eau
- 1/2 cuillère à café de sel de mer fin
- 1 gros œuf, battu
- 420 g de Kimchi
- 1 cuillère à soupe de liquide de Kimchi
- 5 glaçons (environ 100 g / 3,5 onces)
- 2 piments verts (facultatif)
- 1 piment rouge (facultatif)
- Un peu d'huile de cuisson végétale , j'ai utilisé de l'huile de son de riz.
- Sauce maison pour tremper les crêpes au Kimchi

 *5 minutes*

 *10 minutes*

 *4 personnes*

Préparation :

ÉTAPE 1
Sur feu moyen-élevé, préchauffez une poêle/wok et une fois chauffée, ajoutez l'huile de cuisson et étalez-la bien avec une spatule.

ÉTAPE 2
Ajouter l'ail, remuer rapidement pendant environ 10 secondes. Ajoutez ensuite le bacon et remuez bien jusqu'à ce que la moitié soit cuite.

ÉTAPE 3
Ajoutez le Kimchi et remuez jusqu'à ce que 80% soit cuit.

ÉTAPE 4
(Facultatif) Ajoutez les champignons et mélangez-les bien pendant quelques secondes. Réduisez le feu à moyen-moyennement bas.

ÉTAPE 5
Ajoutez le riz et le jus de kimchi. Mélangez bien le tout.

ÉTAPE 6
Ajoutez l'huile de sésame et mélangez-les bien. Retirez du feu.

ÉTAPE 7
Servez le riz frit au kimchi dans une assiette. Garnissez-le de graines de sésame, d'oignons verts et de bandes d'algues. (La garniture est facultative). Placez l'œuf cuit sur le dessus. Appréciez !

: Ingrédients

- 250 ml de kimchi coupé en morceaux de la taille d'un ongle de pouce
- 150 g de bacon, coupé en morceaux de la taille d'un ongle de pouce
- 200 g de champignons, racine enlevée, rincés et égouttés
- 750 g de riz à grain court cuit à la vapeur (ou riz à grain moyen), s'il est fraîchement cuit, laissez-le 5 à 10 minutes à température ambiante pour qu'il refroidisse avant la cuisson.
- 4 gros œufs cuits sur le plat ou selon votre préférence.
- 1/2 cuillère à café d'ail émincé
- 70 ml de jus de kimchi, provenant du fond du récipient de kimchi
- 1/2 cuillère à soupe d'huile de sésame
- 1 cuillère à soupe d'huile de cuisson
- 1 cuillère à soupe de graines de sésame grillées pour décorer.
- 1/2 tige d'oignon vert pour garnir, finement tranchée
- algues assaisonnées rôties, déchiquetées

Dégustation :

 10 minutes

 5 minutes

 4 personnes

Préparation :

ÉTAPE 1
Egouttez le kimchi (et gardez un peu de jus), et émincez-le, de même que les oignons nouveaux (ou ciboulette).

ÉTAPE 2
Mélangez le kimchi, la ciboulette, l'œuf, l'eau, le jus de kimchi et la poudre d'ail.

ÉTAPE 3
Ajoutez la farine pour former une pâte qui sera assez liquide.

ÉTAPE 4
Versez une louche de pâte dans la poêle bien chaude légèrement huilée (huile de tournesol) et faites cuire 2 à 3 minutes puis retournez le pancake pour cuire encore 1 minute, il faut qu'il soit doré.

ÉTAPE 5
Servez avec la sauce, pour laquelle vous aurez mélangé l'eau, le vinaigre de riz, la sauce soja et le sucre.

: Ingrédients

- 200 g de kimchi égoutté (choux fermenté et pâte de piments)
- 100 g de farine
- 2 oignons nouveaux ou ciboulette
- 1 œuf
- 1 cuillère à soupe de jus de kimchi
- 100 ml d'eau
- 1/2 cuillère à café d'ail en poudre ou 1 gousse émincée

Pour la sauce
- 3 cuillères à soupe de vinaigre de riz
- 3 cuillères à soupe de sauce soja salée
- 3 cuillères à soupe d'eau
- 2 cuillères à soupe de sucre ou cassonade

Dégustation :

16

 5 minutes

 25 minutes

 4 personnes

Préparation :

ÉTAPE 1

Pour la marinade : Dans un blender, mixer la sauce soja, le miel, le vinaigre de riz, le kimchi, la saumure de kimchi, le gochujang, le jus de citron, l'ail et le gingembre, jusqu'à obtention d'un mélange homogène.

ÉTAPE 2

Saler et poivrer le poulet et l'ajouter au sac à fermeture éclair contenant la marinade de kimchi. Laissez mariner le poulet pendant au moins 2 heures au réfrigérateur ou jusqu'à 6 heures.

ÉTAPE 3

Préchauffez le gril à feu moyen-élevé et laissez la moitié des brûleurs éteints pour une section à chaleur indirecte.
Retirer le poulet de la marinade (mais garder la marinade pour arroser). Placez les cuisses sur le gril préchauffé, côté peau vers le bas, sur la chaleur directe. Faites-les cuire pendant environ 5 minutes par côté, jusqu'à ce que vous voyiez des marques de gril foncées. Arrosez avec la sauce kimchi lorsque vous retournez le poulet.

ÉTAPE 4

Déplacez les cuisses, côté peau vers le haut, sur le côté à chaleur indirecte du gril. Arrosez-les à nouveau avec la marinade. Couvrez le gril et laissez-les cuire pendant encore 15 à 20 minutes, ou jusqu'à ce que la température interne atteigne 80°C.
Badigeonnez les cuisses de poulet avec la sauce réservée (la sauce qui n'a pas été utilisée pour la marinade). Garnir de persil et servir !

: Ingrédients

- 900 g de cuisses de poulet avec os et peau - (environ 2 cuisses par personne)
- 60 g de sauce soja
- 170 g de miel liquide
- 65 g de vinaigre de riz
- 30 g de kimchi
- 60 g de saumure de kimchi - (le liquide du bocal).
- 70 g de gochujang
- 60 g de jus de citron
- 4 gousses d'ail - épluchées
- 2 cuillères à soupe de gingembre - émincé
- Sel et poivre
- Persil frais - haché (pour décorer)

Dégustation :

Croque-monsieur Kimchi

 5 minutes

 5 minutes

2 personnes

Préparation :

ÉTAPE 1

Préchauffez votre four à 200°C

Tartinez une couche généreuse de soubressade sur une tranche de pain de mie

Déposez dessus votre tranche de morbier

Sur l'autre tranche, étalez une bonne dose de tartinade de kimchi Limoune

ÉTAPE 2

Prenez la salade en sandwich entre les deux tranches

Déposer de petites noisettes de beurre aux quatre coins de la tranche de pain supérieure et une au milieu si le coeur vous en dit

Enfournez pendant 10 minutes, le temps de voir le fromage couler et de sentir vos papilles s'enivrer

Laissez refroidir quelques instants et dégustez sans vous brûler, accompagné du reste de la salade

: Ingrédients

- La tartine de kimchi
- Deux tranches de pain de mie ou de pain de campagne au levain
- Du fromage coulant selon l'envie : comté / mozzarella / morbier / chèvre / fromage à raclette...
- De la viande selon l'inspiration ou du jambon blanc ou fumé / chorizo / soubressade
- Un peu de verdure : roquette / épinards / mâche ou les trois
- Du beurre ou de l'huile pour faire dorer

Dégustation :

 15 minutes

 20 minutes

 4 personnes

Préparation :

ÉTAPE 1

Coupez les carottes en bâtonnets et faites-les revenir 10 min dans de l'huile d'olive.
Découpez le concombre en bâtonnets et réservez.
Mettez de l'eau à bouillir, plongez l'œuf 6/7min pour que le jaune reste coulant.

ÉTAPE 2

Dans une poêle chaude, ajoutez ½ cuillère à soupe d'huile et 50 ml d'eau puis déposez les ramen. Couvrez 2 à 3 min à feu doux puis ajoutez le sachet de légumes déshydratés. Mélangez délicatement pour délayer les nouilles et pour que les légumes se réhydratent dans l'eau restante. Enfin, ajoutez le sachet d'assaisonnement en poudre et mélangez.

ÉTAPE 3

Déposez les ramens dans un bol, ajoutez les carottes en bâtonnets ainsi que le concombre ou la courgette en bâtonnets et quelques pousses de soja. Coupez l'œuf en deux et saupoudrez le tout de graines de sésame et de feuilles de persil. Servez sans attendre.

: Ingrédients

- 4 sachets Ramen Kimchi Tanoshi
- 2 Carottes
- 4 Œufs
- 1 Concombre (ou 1 courgette)
- Feuilles de persil (un peu)
- Pousses de soja (un peu)
- Huile d'olive

Dégustation :

 *10 minutes*

 *30 minutes*

 *4 personnes*

Préparation :

ÉTAPE 1

Chauffer l'huile dans une grande casserole à feu vif. Cuire les parties blanches et vert pâle des oignons verts, l'ail et le gingembre, en remuant souvent, jusqu'à ce qu'ils soient ramollis et parfumés, environ 3 minutes. Ajouter le bouillon, puis incorporer la sauce gochujang et la sauce soja en fouettant. Ajouter le daikon et laisser mijoter doucement jusqu'à ce que le daikon soit tendre, de 15 à 20 minutes.

ÉTAPE 2

Ajouter le kimchi et le tofu. Laisser mijoter jusqu'à ce que le tofu soit bien chaud. Répartir délicatement dans des bols. Émincer les pointes d'échalotes réservées et les disperser sur le dessus.

: Ingrédients

- 1 cuillère à soupe d'huile végétale
- 6 oignons verts, parties blanches et vert pâle hachées, parties vertes réservées
- 4 gousses d'ail, coupées en tranches
- 1 morceau de gingembre de 1 pouce, pelé et finement haché
- 1 litre de bouillon de poulet à faible teneur en sodium
- 3 cuillères à soupe de gochujang (pâte de piment coréen)
- 3 cuillères à soupe de sauce soja
- 1 petit daikon, pelé et tranché
- 125 ml de kimchi
- 60 g de bloc de tofu ferme et soyeux

Dégustation :

 *10 minutes*

 *15 minutes*

 *3 personnes*

Préparation :

ÉTAPE 1

Faire tremper les gâteaux de riz congelés dans de l'eau pendant 10 min.
Couper le Kimchi en petits morceaux.
Faire revenir l'ail dans un peu d'huile, puis y ajouter les gâteaux de riz et
le Kimchi. Sauter 1-2 minutes à feu vif tout en mélangeant, puis ajouter 1
verre d'eau.

ÉTAPE 2

Ajouter 2 c. à soupe de sauce soja et 2 c. à café de sucre (ajuster en
fonction des goûts) et continuer à cuire tout en mélangeant. Vérifier si
les gâteaux de riz sont suffisamment cuits (ils doivent coller légèrement
et avoir une texture molle), sinon ajouter de nouveau un peu d'eau.

ÉTAPE 3

En fin de cuisson, ajouter de la ciboule chinoise ciselée et bien mélanger
(facultatif).
Parsemer de graines de sésame avant et servir.

: Ingrédients

- 650 g de gâteaux de riz Coréen (1 sachet)
- 210 g de Kimchi et son jus
- 2 cuillères à soupe de sauce soja
- 2 cuillères à café de sucre
- 1 cuillère à café d'ail haché
- Ciboule chinoise (facultatif)
- Graines de sésame (facultatif)

Dégustation :

 1 h 15 minutes

 0 minute

 40 personnes

Préparation :

ÉTAPE 1

Nettoyez le radis en le frottant avec une brosse et/ou en grattant les impuretés tenaces avec un petit couteau. Ne pas peler la peau. Coupez en disques d'environ 1 pouce d'épaisseur.

ÉTAPE 2

Rincez les feuilles de chou plusieurs fois. Couper chaque feuille dans le sens de la longueur en morceaux d'un pouce de large, puis dans le sens transversal en morceaux d'environ un pouce. Ajoutez-les dans le bol avec le radis. Saupoudrez de 2 cuillères à soupe de sel et mélangez bien pour répartir uniformément le sel. Laissez reposer jusqu'à ce que le radis soit flétri, environ 30 minutes. Ne pas égoutter ni rincer.

ÉTAPE 3

Dans un grand bol, dissoudre 2 cuillères à soupe de sel dans 2,5 litres d'eau. Passez le gochugaru trempé dans l'eau à travers une maille fine. Versez le bouillon sur le mélange de radis et de choux salés et remuez bien pour tout combiner. Ajustez l'assaisonnement au goût si nécessaire. Le bouillon combiné doit être légèrement trop salé pour être consommé tel quel. Le goût salé diminuera au fur et à mesure que le kimchi fermentera. Il sera en fait plus facile à manipuler si vous placez d'abord le radis et le chou salés avec leur liquide dans le récipient ou le bocal, puis ajoutez le bouillon avec le gochugaru.

ÉTAPE 4

Conservez-la dans un récipient ou un bocal hermétique. Laissez-le à température ambiante pendant un jour ou deux avant de le conserver au réfrigérateur. Le kimchi peut être consommé dans les jours qui suivent. Remuez à chaque fois jusqu'au fond avant d'en sortir pour servir.

: Ingrédients

- 70 g de radis coréen
- 340 g de chou napa (feuilles intérieures jaunâtres)
- 1 à 1,5 cuillère à soupe de gochugaru (flocons de piment rouge coréen) Ajuster au goût.
- 1 carotte moyenne
- 1/2 poire ou pomme coréenne
- 3 oignons verts fins
- 8 tiges de minari (facultatif)
- 5 gousses d'ail dodues, finement tranchées
- 5 tranches fines de gingembre, d'environ 1 pouce de diamètre
- Sel

Dégustation :

Salade de chou napa frais au kimchi

 15 minutes

 15 minutes

 4 personnes

Préparation :

ÉTAPE 1

Préparer le chou Napa

Lavez et coupez 350 g de chou Napa en lanières de 2 à 3 pouces (ou 5 cm) de long. Si les feuilles sont trop grandes, coupez-les d'abord en deux dans le sens de la longueur.

ÉTAPE 2

Saupoudrer de sel

ÉTAPE 3

Préparer l'oignon vert

Pendant l'assaisonnement, préparez l'oignon vert. Lavez et coupez 3 oignons verts en morceaux de 2 à 3 pouces (5 cm).

ÉTAPE 4

Laver et égoutter

ÉTAPE 5

Ajouter les ingrédients d'assaisonnement

Ajoutez les oignons verts coupés, 3 à 3½ cuillères à soupe de sauce de poisson aux anchois, 2 cuillères à café de sucre, 1 cuillère à soupe d'ail haché et ½ cuillère à café de gingembre haché. Mélangez bien. La quantité de sauce de poisson aux anchois peut varier selon la durée de salage des choux et selon la marque de la sauce de poisson. Ajoutez-la progressivement tout en goûtant.

ÉTAPE 6

Ajoutez 1 cuillère à soupe d'huile de sésame et 1 cuillère à café de graines de sésame. Mélangez bien. Si vous ne le mangez pas tout de suite, conservez-le au réfrigérateur et ajoutez l'huile de sésame et les graines de sésame juste avant de servir.

Dégustation :

: Ingrédients

- 350 g de chou nappa
- 30 ml de sel de mer grossier
- 3 oignons verts
- 15 ml d'ail émincé
- 2 ml Gingembre émincé
- 60 ml Gochugaru, flocons de piment fort coréen
- 45 ml Sauce de poisson aux anchois
- 10 ml de sucre
- 15 ml d'huile de sésame
- 5 ml de graines de sésame

23

 *15 minutes*

 *0 minute*

 *2 personnes*

Préparation :

ÉTAPE 1

Coupez 250 g de Kimchi en morceaux de la taille d'une bouchée (environ 1 pouce de long). Pelez et lavez 1 oignon de taille moyenne. Coupez-le en deux et tranchez-le en morceaux de ¼ de pouce. Coupez les extrémités des racines de 3 oignons verts et lavez-les soigneusement. Coupez-les en morceaux de 1½ pouce.

ÉTAPE 2

Assaisonner le porc

ÉTAPE 3

Versez 1 cuillère à soupe d'huile végétale dans une poêle. Faites sauter le porc mariné pendant 3 minutes à feu moyen. Ajoutez le kimchi et faites-le sauter à feu moyen pendant 4 minutes. Remuez fréquemment.

ÉTAPE 4

Ajouter les oignons et les oignons verts tranchés et faire sauter à feu moyen pendant 2 minutes ou jusqu'à ce que le porc soit bien cuit. Éteignez le feu et ajoutez 1 cuillère à café de graines de sésame et 1 cuillère à soupe d'huile de sésame. Mélangez bien.

ÉTAPE 5

Couper le tofu en tranches

Coupez le tofu en rectangles (3cm X 4 cm). Vous pouvez le couper en différentes tailles tant qu'il a une épaisseur d'environ 1 cm. Couvrez-les pour les garder au chaud jusqu'au moment de servir.

ÉTAPE 6

Servez

Placez le tofu en tranches et le kimchi poêlé avec du porc dans une assiette.

Dégustation :

: Ingrédients

- 400 g de tofu, mou ou ordinaire (pour le ragoût)
- 250 g de kimchi
- 200 g de porc tranché (ventre ou cou; peut utiliser d'autres coupes mais trancher finement).
- 1 oignon moyen
- 3 oignons verts
- 2 ml de poivre noir
- 5 ml de graines de sésame
- 15 ml d'huile de sésame
- 15 ml d'huile végétale

Pour l'assaisonnement du porc

- 30 ml de Gochugaru, flocons de piment fort coréen
- 45 ml de sauce soja
- 30 ml de sucre
- 15 ml d'ail haché
- 5 ml de gingembre émincé
- 15 ml de Cheongju (vin de riz coréen)

Pour blanchir le tofu

- 750 ml d'eau
- 2 ml de sel

Ragoût de kimchi au thon

 10 minutes

 30 minute

 2 personnes

Préparation :

ÉTAPE 1

Dans une casserole, faites sauter 1 boîte de thon (vous pouvez en ajouter une autre si vous aimez le thon) avec 1 cuillère à soupe de beurre à feu vif. Remuez constamment.

ÉTAPE 2

Couper le kimchi en morceaux d'environ 2 pouces de long et l'ajouter à la casserole avec le thon. Faire sauter pendant encore 7 minutes.

Ajoutez 625 ml d'eau et 125 ml de jus de kimchi (facultatif). Ajoutez 1 cuillère à soupe de flocons de piment rouge (facultatif) pour le rendre plus épicé et de couleur rouge. Portez à ébullition et laissez bouillir encore 10 à 15 minutes à feu moyen. Assaisonnez de sel (ajoutez-en progressivement au fur et à mesure que vous le goûtez). La quantité de sel varie en fonction du type de kimchi et de la quantité de jus de kimchi utilisée. En général, les ragoûts coréens sont un peu plus salés que les soupes ordinaires car ils sont destinés à être consommés en petites quantités avec du riz.

ÉTAPE 3

(facultatif) Vous pouvez ajouter du tofu et faire bouillir pendant 2 minutes supplémentaires.

ÉTAPE 4

Servez dans un grand bol. Vous pouvez également utiliser un ddukbaegi ou un bol en pierre avec un bol de riz à côté. Vous pouvez ajouter des oignons verts hachés sur le dessus comme garniture.

: Ingrédients

- 350 g de kimchi
- 1 thon en conserve
- 15 ml de beurre
- 600 ml d'eau
- 120 ml de jus de kimchi
- 15 ml de Gochugaru, flocons de piment fort coréen
- 225 g de Tofu, mou ou régulier (pour le ragoût)
- 5 ml de sel
- 5 ml Oignon vert haché

Dégustation :

 *30 minutes*

 *30 minutes*

 *4 personnes*

Préparation :

ÉTAPE 1

Lavez soigneusement les feuilles de périlla sous l'eau courante deux fois. Dans une casserole, portez l'eau à ébullition. Blanchir les feuilles de périlla pendant 1 minute ou jusqu'à ce qu'elles meurent.

ÉTAPE 2

Lavez-les à l'eau froide et pressez l'eau à la main. Mettez-les de côté. Hachez l'ail et le gingembre pour obtenir 2 cuillères à café et ½ cuillère à café chacun. Hachez très finement 1 oignon vert. Émincez 1 à 2 piments rouges et 1 à 2 piments verts très finement.

ÉTAPE 3

Dans une petite casserole, mélangez 1 cuillère à soupe de farine avec 125 ml d'eau froide. Portez le tout à ébullition à feu moyen tout en remuant. Une fois qu'elle bout, réduisez le feu à faible intensité et remuez jusqu'à ce qu'elle épaississe. Retirez le mélange de farine du feu et laissez-le refroidir pendant au moins 15 minutes.

ÉTAPE 4

Dépliez 2 feuilles et placez-les sur une assiette. (Si vous ne blanchissez pas les feuilles et utilisez des feuilles fraîches, sautez cette étape.

ÉTAPE 5

Appliquez l'assaisonnement sur le dessus avec une cuillère. Vous n'avez besoin d'assaisonnement que pour deux feuilles.

ÉTAPE 6

Placez-les dans un récipient. Laissez-les dehors pendant une journée pour la fermentation. Ensuite, conservez-les au réfrigérateur.
Servez dans une assiette d'accompagnement. Dégustez avec un bol de riz !

Dégustation :

: Ingrédients

- 40 g de feuilles de périlla
- 15 ml de farine de riz doux
- 120 ml d'eau

Assaisonnement

- 60 ml Gochugaru, flocons de piment coréen
- 15 ml de sauce de poisson aux anchois
- 15 ml de sauce de poisson aux crevettes
- 1 oignon vert
- 15 ml de sucre
- 10 ml Ail (haché)
- 3 ml Gingembre (émincé)
- 10 ml de graines de sésame
- 1 piment rouge
- 1 piment vert

Kimchi de radis à queue de cheval

 *40 minutes*

 *30 minutes*

 *10 personnes*

Préparation :

ÉTAPE 1

Mettez les radis au propre

ÉTAPE 2

Mélangez 125 ml d'eau froide avec 2 cuillères à café de farine de riz doux (ou de farine ordinaire) sans faire de grumeaux. Faites cuire à feu moyen en remuant jusqu'à ce que le mélange ait la consistance d'une soupe crémeuse. Retirez-la du feu et laissez-la reposer pendant au moins 30 min. Ajoutez 75 g de flocons de piment rouge (gochugaru) dans le mélange de farine . Laissez reposer pendant environ 20 minutes pour obtenir une couleur plus vive.

ÉTAPE 3

Dans un bol moyen, mélangez 3 cuillères à soupe de sauce de poisson aux crevettes (ou de sauce de poisson aux anchois), l'ail haché, le gingembre haché et le sucre dans le mélange de farine et de gochugaru (flocons de piment rouge). Vous pouvez utiliser une seule sorte de sauce de poisson si vous le souhaitez.

ÉTAPE 4

Prenez un radis. Ajoutez 1-2 moitiés d'oignons verts au faisceau de tiges. Pliez joliment les tiges et attachez le faisceau de tiges autour avec l'une des tiges. Répétez l'opération pour chaque radis. Mélangez ensuite les radis avec l'assaisonnement et placez-les dans un récipient sans procéder au bottelage. Placez-les dans un récipient bien fermé.

ÉTAPE 5

Couvrez le dessus avec une feuille de plastique (film alimentaire).
Une fois qu'ils sont fermentés, conservez-les au réfrigérateur. Servez-le

: Ingrédients

- 1360 g de radis queue de cheval
- 80 ml de gros sel marin
- 10 ml de farine de riz doux

Pour l'assaisonnement
- 120 ml d'eau
- 80 ml de Gochugaru, flocons de piment coréen Acheter
- 30 ml Sauce de poisson aux crevettes (Sae Woo Jeot)
- 45 ml de sucre
- 3 oignons verts
- 10 ml Ail (haché)
- Gingembre (émincé)

Dégustation :

Le kimchi vert de navet

 *20 minutes*

 *30 minutes*

12 personnes

Préparation :

ÉTAPE 1
Dans un grand bol peu profond, déposez quelques feuilles de navet au fond. Saupoudrez un peu, environ 1/2 cuillère à soupe de sel de mer sur le dessus. Répétez les couches et saupoudrez de sel jusqu'à ce que toutes les feuilles de navet soient recouvertes de sel.

ÉTAPE 2
Laissez-les reposer pendant 1 heure, puis retournez-les à moitié. Leur volume va diminuer de moitié. Rincez le navet vert avec de l'eau plusieurs fois. Egouttez-les et mettez-les de côté.

ÉTAPE 3
Pendant ce temps, préparez un bouillon. Dans une petite casserole, mélangez 150 ml d'eau, les anchois séchés, le varech et les champignons séchés. Portez à une légère ébullition, puis laissez mijoter pendant 5 minutes à feu doux. Retirez la casserole du feu et laissez-la refroidir pendant 5 minutes. Réservez 250 ml + 2 cuillères à soupe de bouillon et jetez le reste.

ÉTAPE 4
Pour faire la colle de riz, dans une petite casserole, fouettez ensemble 250 ml de bouillon réservé et la farine de riz doux. Portez à feu moyen-élevé et laissez-les bouillir en fouettant continuellement jusqu'à ce qu'ils deviennent épais. Retirer du feu et mettre de côté pour refroidir.

ÉTAPE 5
Transférez le kimchi vert de navet dans un récipient hermétique et laissez-le reposer à température ambiante pendant 2 jours, puis conservez-le au réfrigérateur. Votre kimchi devrait être prêt à être consommé dans 2-3 jours.

: Ingrédients

- 680 g de feuilles de navet, rincées
- 70 g de gros sel marin coréen
- 150 ml d'eau
- 5-6 gros anchois séchés
- 1 morceau de varech séché (dashima)
- 2 champignons shiitake séchés
- 1 cuillère à soupe de farine de riz doux (chapssal-garu)
- 115 g de piments rouges frais, coupés en dés
- 1/2 oignon, coupé en dés
- 3-4 gousses d'ail
- 1 morceau de gingembre
- 60 g de flocons de piment coréen (gochugaru)
- 3 cuillères à soupe de sauce aux anchois coréenne
- 1 cuillère à soupe de sauce aux crevettes

Dégustation :

 *20 minutes*

 *10 minutes*

 *4 personnes*

Préparation :

ÉTAPE 1

Dans une petite casserole, ajoutez l'eau et les anchois séchés, portez à légère ébullition et laissez mijoter pendant 5 à 7 minutes. Réserver 125 ml de bouillon et jeter le reste.

ÉTAPE 2

Mettre l'oignon, l'ail, le gingembre et le bouillon d'anchois dans un mixeur et mixer jusqu'à obtenir une purée lisse.

ÉTAPE 3

Dans un grand bol, mélangez la purée ci-dessus, les flocons de piment, les crevettes salées, 2 cuillères à soupe de sauce aux anchois (ou de sauce de poisson) et le sucre. Mélangez bien.

ÉTAPE 4

Ajouter la ciboulette et bien mélanger pour l'enrober. Goûtez le kimchi et rectifiez l'assaisonnement selon votre goût.

Transférez le kimchi à la ciboulette dans un récipient hermétique et laissez-le fermenter à température ambiante pendant 1 à 2 jours, puis conservez-le au réfrigérateur pendant 2 jours supplémentaires avant de le servir. Servez avec du riz et d'autres plats coréens.

: Ingrédients

- 285 g de ciboulette à l'ail, nettoyée et coupée en 2-3 dans le sens de la longueur
- 250 ml d'eau
- 4-5 gros anchois séchés
- 1/2 petit oignon, coupé en dés
- 2 gousses d'ail
- 1.5cm de gingembre, coupé en dés
- 75 g de flocons de piment coréen (gochugaru)
- 1 cuillère à soupe de crevettes salées coréennes
- 2-3 cuillères à soupe de sauce d'anchois coréenne
- 2 cuillères à café de sucre

Dégustation :

Authentique kimchi végétalien

 *20 minutes*

 *20 minutes*

 *20 personnes*

Préparation :

ÉTAPE 1

POUR SALER LE CHOU EN SAUMURE

Coupez l'extrémité de la tige du chou et coupez le chou en tranches de 2 pouces. Dissolvez le sel dans l'eau dans un bol à mélanger. Dispersez les tranches de chou dans un grand bol peu profond, versez l'eau salée dessus et mélangez.

ÉTAPE 2

POUR FAIRE LE BOUILLON DE LÉGUMES

Placez le potiron, les champignons et le varech dans une casserole moyenne et versez de l'eau pour les couvrir à peine. Portez-les à ébullition et laissez mijoter pendant 20 minutes.

ÉTAPE 3

POUR PRÉPARER LA PÂTE D'ASSAISONNEMENT DU KIMCHI

Mettez la pomme de terre, l'oignon, le kaki, l'ail, le gingembre et versez la 1/2 tasse de bouillon dans un mixeur. Mixez-les jusqu'à ce qu'ils soient bien lisses.

ÉTAPE 4

POUR ASSEMBLER LE KIMCHI

Dans un grand bol peu profond (ou utilisez un moule à gelée), mélangez les choux et l'oignon vert, ajoutez les 2/3 de la garniture au chili et les graines de sésame.

ÉTAPE 5

Transférez votre kimchi dans un récipient hermétique et laissez-le reposer à température ambiante pendant 1 à 2 jours, puis conservez-le au réfrigérateur après cela. Ce kimchi devrait se conserver jusqu'à 2 mois au réfrigérateur.

Dégustation :

: Ingrédients

- 1,2 kg de chou napa
- 200 g de gros sel marin coréen
- 2 l d'eau

POUR LE BOUILLON DE LÉGUMES

- 350g de citrouille, n'importe quelle sorte, coupée en 2-3 morceaux
- 1,3 kg de champignons shiitake
- 1 varech séché (dashima), facultatif
- 1 litre d'eau

POUR LA PÂTE D'ASSAISONNEMENT DU KIMCHI

- 2 cuillères à soupe de pommes de terre cuites nature
- 1/2 gros oignon, coupé en dés
- 1 kaki (Fuyu) ou 1/2 pomme douce ou poire asiatique, pelé et évidé
- 5 gousses d'ail
- Gingembre, pelé (1.5cm)
- 3-4 piments rouges frais, coupés en dés, facultatif
- 4 cuillères à soupe de flocons de piment coréen (gochugaru)
- 5 cuillères à soupe de sauce soja soupe coréenne (gukganjang)
- 4 oignons verts, coupés en tranches
- 1 cuillère à soupe de graines de sésame grillées

Trempette crémeuse au kimchi

 10 minutes

 0 minute

 4 personnes

Préparation :

ÉTAPE 1

Hacher finement le kimchi. Couper le fromage à la crème en gros morceaux et le transférer dans un bol moyen. Ajouter la crème sure, quelques cuillerées à la fois, et l'écraser avec une spatule jusqu'à ce qu'elle soit combinée.

ÉTAPE 2

Incorporer le kimchi et la sauce soja. Assaisonner avec du sel et 7-8 bonnes moutures de poivre. Servir avec des chips, des bretzels et/ou des légumes à côté.

: Ingrédients

- 500 g de kimchi
- 250 g de fromage à la crème, à température ambiante
- 250 g de crème aigre
- 1 cuillère à soupe plus 1½ cuillère à café de sauce soja à faible teneur en sodium
- Sel casher, poivre fraîchement moulu
- Crackers ou légumes tranchés (pour servir)

Dégustation :

Udon au kimchi et aux échalotes

 *0 minute*

 *20 minutes*

 *4 personnes*

Préparation :

ÉTAPE 1

Faites chauffer 2 cuillères à soupe de beurre dans une grande poêle à feu moyen-élevé. Ajouter le kimchi haché et le gochujang et faire cuire, en remuant de temps en temps, jusqu'à ce que le kimchi soit ramolli et légèrement caramélisé, environ 4 minutes. Ajouter le bouillon et le jus de kimchi et porter à ébullition. Cuire jusqu'à ce que le liquide soit légèrement réduit, environ 3 minutes.

ÉTAPE 2

Pendant ce temps, faire bouillir les nouilles selon les instructions de l'emballage.

ÉTAPE 3

À l'aide de pinces, transférer les nouilles dans la poêle et ajouter les 3 cuillères à soupe de beurre restantes ; cuire, en remuant souvent, jusqu'à ce que la sauce enrobe les nouilles, environ 2 minutes. Assaisonner de sel si nécessaire. Répartir dans des bols et garnir de jaunes d'œufs, d'oignons verts et de graines de sésame.

: Ingrédients

- 5 cuillères à soupe de beurre non salé, divisées
- 250 g de kimchi finement haché, plus 75 ml de jus de kimchi
- 2 cuillères à soupe de gochujang (pâte de piment coréenne)
- 125 ml de tasse de bouillon de poulet à faible teneur en sodium
- 450 g de nouilles udon fraîches ou congelées
- Sel Kasher
- 4 gros jaunes d'oeufs, à température ambiante
- 3 oignons verts, parties blanches et vert pâle seulement, finement tranchés en diagonale
- 1 cuillère à soupe de graines de sésame grillées

Dégustation :

Soupe Miso épicée au Kimchi

 0 minute

 30 minutes

 4 personnes

Préparation :

ÉTAPE 1
Mélangez le kombu et 1 litre d'eau dans une grande casserole. Laisser reposer jusqu'à ce que le kombu ramollisse, 25-30 minutes. Portez à ébullition à feu moyen. Retirer immédiatement du feu dès que l'eau commence à frémir ; retirer le kombu et le jeter. Ajouter les flocons de bonite et remuer une fois pour les submerger. Ramener à une légère ébullition, réduire le feu et laisser mijoter environ 5 minutes. Retirer du feu et laisser infuser 15 minutes (vous obtiendrez ainsi le bouillon ou le dashi le plus savoureux possible).

ÉTAPE 2
Pendant ce temps, faites cuire les œufs dans une casserole moyenne d'eau bouillante pendant 6 minutes. Transférer dans un bol d'eau glacée (bain de glace) et laisser reposer jusqu'à ce qu'ils soient froids, environ 2 minutes. Peler les œufs ; mettre de côté.

ÉTAPE 3
Passer le dashi au tamis à mailles fines dans un bol de taille moyenne. Jeter les solides, essuyer la casserole et remettre le dashi dans la casserole. Ajouter le kimchi et le tofu et porter à un léger frémissement. Retirer du feu. Submerger le tamis dans le liquide, ajouter le miso et le gochujang dans le tamis, et remuer pour liquéfier les deux, puis presser à travers le tamis jusqu'à ce que les pâtes soient dissoutes.

ÉTAPE 4
Répartir la soupe dans des bols. Garnir de graines de sésame et arroser d'huile de sésame. Couper les œufs en deux et les ajouter aux bols.

: Ingrédients

- 1 morceau de kombu de 3x5 pouces
- 21 g de flocons de bonite
- 4 gros œufs, à température ambiante
- 150 g de kimchi haché
- 100 g de tofu soyeux, coupé en morceaux de ½ pouce
- 65 ml de miso
- 2 cuillères à soupe de gochujang
- Graines de sésame et huile de sésame grillée (pour servir)

Dégustation :

Orge noir avec bouillon de champignons

 *0 minute*

 *2 h*

 *2 personnes*

Préparation :

ÉTAPE 1
Placez l'orge dans un bol moyen et ajoutez 750 ml d'eau froide pour couvrir. Couvrir et mettre au frais au moins 12 heures.

ÉTAPE 2
Égoutter l'orge, en réservant le liquide de trempage. Dans une grande casserole, porter à ébullition l'orge, les tiges de champignons, les feuilles de laurier et 1,2 litre d'eau. Ajouter 1 cuillère à soupe de sel, puis réduire le feu et laisser mijoter très doucement, en remuant de temps en temps, jusqu'à ce que l'orge soit tendre et que le liquide soit presque entièrement évaporé, de 80 à 90 minutes.

ÉTAPE 3
Pendant la cuisson de l'orge, porter à ébullition une casserole d'eau moyenne et y plonger délicatement les œufs. Cuire 6 minutes ; transférez les œufs dans un bol d'eau glacée à l'aide d'une cuillère trouée et laissez refroidir. Peler soigneusement les œufs ; mettre de côté.

ÉTAPE 4
Trancher finement les chapeaux de champignons et en placer la moitié dans une casserole moyenne avec le liquide de trempage de l'orge réservé. Porter à ébullition, puis laisser mijoter jusqu'à ce que le liquide de trempage ait pris la saveur des champignons, 10 à 12 minutes.

ÉTAPE 5
Répartir l'orge dans des bols. Garnir de radis et du reste des champignons tranchés. Couper les œufs en deux dans le sens de la longueur et les insérer dans l'orge, le jaune d'œuf vers le haut. Emboîter le kimchi à côté des œufs. Verser le bouillon de champignons sur le tout, en le répartissant également. Garnir de coriandre et arroser d'huile.

: Ingrédients

- 180 g d'orge noire
- 12 champignons crimini ou champignons de Paris, tiges et chapeaux séparés
- 4 feuilles de laurier
- 1 cuillère à soupe de sel kosher, plus un peu plus
- 4 gros œufs
- 1 petit radis rouge ou melon d'eau, paré, finement tranché
- 75 g de kimchi, finement tranché
- Petites branches de coriandre et huile d'olive (pour servir)

Dégustation :

Porridge de grains alternatifs avec kimchi et œufs confits

 0 minute

 50 minutes

🍴 4 personnes

Préparation :

ÉTAPE 1
Pulser l'épeautre dans un mélangeur ou un robot culinaire jusqu'à ce qu'il soit grossièrement haché (tous les grains doivent être brisés mais pas réduits en poudre). Mélangez l'épeautre et 1 litre d'eau dans une grande casserole à feu moyen-élevé ; assaisonnez de sel et de poivre. Porter à ébullition, réduire le feu et laisser mijoter, en fouettant de temps en temps, jusqu'à ce que l'épeautre soit tendre et que le mélange soit épais, soit de 25 à 35 minutes. Incorporer le parmesan et le beurre en fouettant. Ajouter de l'eau par cuillerées à soupe si nécessaire pour détendre la préparation.

ÉTAPE 2
Juste avant que le porridge ne soit prêt, faites cuire les œufs dans une petite casserole d'eau bouillante pendant 6 minutes. Transférer dans un bol d'eau glacée et laisser reposer jusqu'à ce qu'ils soient chauds. Épluchez-les soigneusement et coupez-les en deux dans le sens de la longueur.

ÉTAPE 3
Chauffer l'huile dans une petite poêle à feu moyen. Faire cuire le kimchi, en le remuant, jusqu'à ce qu'il soit légèrement noirci et réchauffé, environ 1 minute.

ÉTAPE 4
Répartir la bouillie de céréales dans des bols. Répartir le kimchi et les œufs sur le dessus.

: Ingrédients

- 200 g d'épeautre, de grains de blé ou d'orge
- Sel Kasher, poivre fraîchement moulu
- 85 g de parmesan, râpé
- 2 cuillères à soupe de beurre non salé
- 4 gros œufs
- 1 cuillère à soupe d'huile végétale
- 250 g de kimchi de Napa

Dégustation :

Toast avec Kimchi de Rampes et Œufs Pochés

 1 h

 0 minute

 1 personne

Préparation :

ÉTAPE 1

Couper les bulbes de rampes en deux (en quatre si elles sont grosses). Couper les légumes verts en morceaux de 1 pouce. Mélanger les bulbes et les feuilles, le sel et le sucre dans un bol de taille moyenne. Laisser reposer jusqu'à ce que les légumes soient légèrement ramollis et commencent à libérer un peu de liquide, environ 1 heure. Mélangez le gochugaru, la sauce de poisson et le gingembre au kimchi.

ÉTAPE 2

Répartissez le kimchi sur les toasts et garnissez-les d'un œuf poché.
À faire à l'avance : Le kimchi de rampe peut être préparé 2 semaines à l'avance. Couvrir et réfrigérer. Le kimchi s'adoucira légèrement avec le temps.

: Ingrédients

- 1 botte de ramps ou 2 bottes de scallions, parties blanches et vertes séparées
- 1 cuillère à café de sel kosher
- ½ cuillère à café de sucre
- 2 cuillères à café de gochugaru (poudre de piment coréen grossier) ou 1 cuillère à café de flocons de piment doux (comme celui du Nouveau Mexique)
- ½ cuillère à café de sauce de poisson
- ½ cuillère à café de gingembre râpé et pelé
- 4 tranches de pain, grillées et beurrées
- 4 œufs pochés parfaits

Dégustation :

Ramen au bouillon de dinde fumée et au kimchi

 0 minute

 1 h 30 minutes

🍴 4 personnes

Préparation :

ÉTAPE 1

Faites chauffer l'huile dans une grande marmite à feu moyen. Faire cuire l'oignon, l'ail, la citronnelle, le gingembre, le jalapeño et les tiges de coriandre, en remuant de temps en temps, jusqu'à ce qu'ils soient légèrement dorés, environ 5 minutes. Ajouter les ailes et 2,5 l d'eau. Porter à ébullition, réduire le feu et laisser mijoter jusqu'à ce que la viande de dinde soit tendre, de 45 à 60 minutes. Filtrer dans une grande casserole ; réserver les ailes. Ajouter le hon-dashi et la sauce soja au bouillon, en ajoutant plus au goût si nécessaire. Couvrir et garder au chaud. Retirer la viande des ailes et la mettre de côté.

ÉTAPE 2

À faire à l'avance : Le bouillon peut être préparé 3 jours à l'avance ; couvrir et réfrigérer le bouillon et la viande séparément.
Faire cuire le bok choy dans une grande casserole d'eau bouillante salée jusqu'à ce qu'il soit croustillant, environ 1 minute. Transférer dans une passoire à l'aide d'une cuillère trouée.

ÉTAPE 3

Ramener l'eau à une légère ébullition et abaisser délicatement les œufs dans l'eau ; cuire 6 minutes. Transférer dans un bol d'eau glacée pour refroidir. Peler et couper en deux dans le sens de la longueur.

Remettre l'eau à bouillir et faire cuire les spaghettis, en remuant de temps en temps, jusqu'à ce qu'ils soient al dente. Égoutter, puis mélanger avec l'huile de sésame dans un grand bol. Répartir les spaghettis dans les bols. Verser le bouillon à la louche et ajouter le kimchi, le bok choy, les œufs et la viande de dinde réservée. Garnir de champignons, de germes et de coriandre. Servir avec des quartiers de lime.

: Ingrédients

- 2 cuillères à soupe d'huile d'olive
- 1 petit oignon, haché
- 6 gousses d'ail, épluchées
- 1 tige de citronnelle, débarrassée des couches extérieures coriaces, hachée
- 1 morceau de gingembre de 1 pouce, pelé et tranché
- ½ jalapeño, tranché
- 1 poignée de tiges de coriandre
- 900 g d'ailes de dinde fumées
- 1 cuillère à soupe (ou plus) de hon-dashi (bouillon de bonite en poudre)
- 1 cuillère à soupe (ou plus) de sauce soja

POUR LA SOUPE ET ASSEMBLAGE

- 2 bébés bok choy, coupés en quatre
- Sel kasher
- 2 gros œufs
- 340 g de spaghettis
- 1 cuillère à café d'huile de sésame grillée
- 250 g de kimchi
- Champignons Enoki, germes de haricot mungo, feuilles de coriandre avec les tiges tendres et quartiers de citron vert (pour servir).

Dégustation :

Brioches à la vapeur de porc au kimchi

 *3 h*

 *30 minutes*

 *14 personnes*

Préparation :

ÉTAPE 1

Combiner la farine et la levure sèche dans un grand bol et bien mélanger. Préparez un petit bol avec de la farine supplémentaire sur le côté.

ÉTAPE 2

Rincez un torchon à vaisselle propre avec de l'eau. Saupoudrez le fond d'un grand bol de farine et transférez-y la pâte. Couvrez le bol avec le torchon humide et un couvercle (ou un film plastique). Laissez la pâte reposer jusqu'à ce que sa taille double, soit 2,5 à 3 heures.

ÉTAPE 3

Lorsque la pâte est presque prête, combiner le porc haché, le vin Shaoxing et la sauce soja dans un bol de taille moyenne et bien mélanger. Hacher le kimchi en petits morceaux. Ajoutez-le au porc haché et mélangez-les bien.

ÉTAPE 4

Prélevez environ 2 cuillères à soupe de garniture au porc et au kimchi et placez-la au centre du bun. Tenez la brioche d'une main et commencez à la sceller avec l'autre main et travaillez le reste des pâtes de la même manière.

ÉTAPE 5

Transférez délicatement les petits pains sur la grille de cuisson à la vapeur, en les espaçant d'au moins la largeur d'un doigt. Faites cuire les brioches en deux ou trois fois si la grille de cuisson à la vapeur ne peut pas contenir toutes les brioches. Ajoutez de l'eau dans la marmite après chaque lot si le niveau d'eau est trop bas. Couvrir et faire cuire à feu vif. Lorsque l'eau commence à bouillir, passez à feu moyen-élevé et poursuivez la cuisson pendant 10 minutes, jusqu'à ce que les brioches soient bien cuites.
Servir chaud comme plat principal ou comme collation.

Dégustation :

: Ingrédients

Pour la pâte

- 250 grammes de farine tout usage (plus un supplément pour saupoudrer le plan de travail)
- 1 cuillère à café de levure sèche instantanée (ou 1 et 1/2 de levure sèche active)
- 170 ml d'eau

Pour la garniture

- 200 grammes de porc haché (rapport maigre/gras 7:3)
- 2 cuillères à soupe de vin Shaoxing
- 1 cuillère et 1/2 à soupe de sauce soja légère
- 300 grammes de kimchi

Poulet braisé au kimchi et au bacon

 *0 minute*

 *1 h 30 minutes*

 *4 personnes*

Préparation :

ÉTAPE 1

Faites chauffer l'huile dans un grand faitout ou une grande poêle à feu moyen et faites cuire le bacon, en tournant de temps en temps, jusqu'à ce qu'il soit brun et légèrement croustillant, de 5 à 8 minutes. Transférer dans une assiette.

ÉTAPE 2

Ajouter l'ail et les tomates dans la même casserole et cuire, en remuant de temps en temps, jusqu'à ce que l'ail soit légèrement bruni et que les tomates aient éclaté, environ 5 minutes. Ajouter le vin, en grattant les morceaux brunis. Porter à ébullition et cuire jusqu'à ce que le vin soit réduit des trois quarts.

ÉTAPE 3

Ajouter la moitié du kimchi et emboîter le bacon et le poulet, côté peau vers le haut, dans les tomates (s'assurer que la peau du poulet est au-dessus de la surface du liquide pour qu'elle reste croustillante).

ÉTAPE 4

Entre-temps, faire cuire les nouilles aux œufs dans une grande casserole d'eau bouillante salée, en remuant de temps en temps, jusqu'à ce qu'elles soient al dente. Égoutter, en réservant 125 ml de liquide de cuisson des pâtes.

ÉTAPE 5

Incorporer le reste du kimchi au liquide de braisage du poulet ; assaisonner de sel et de poivre. Placer le poulet, côté peau vers le haut, dans le liquide de braisage. Saupoudrer la moitié de la ciboulette sur le poulet et l'autre moitié sur les nouilles ; mélanger les nouilles pour les combiner.
Servir le poulet et la sauce tomate-kimchi sur des nouilles au beurre.

Dégustation :

: Ingrédients

- 1 cuillère à soupe d'huile végétale
- 115 g de bacon en tranches de ¼ pouce d'épaisseur, coupé transversalement en morceaux de 1 pouce.
- 1 poulet de 1,5 kg coupé en 10 morceaux ; ou 4 cuisses de poulet, pilons et cuisses séparés, plus 2 poitrines avec peau et os, coupées en croix.
- Sel Kasher, poivre fraîchement moulu
- 8 gousses d'ail, légèrement écrasées
- 100 g de tomates cerises
- 250 ml de vin blanc sec
- 500 g de kimchi avec le jus, divisé
- 170 g de nouilles aux œufs larges
- 2 cuillères à soupe de beurre non salé
- 2 cuillères à soupe de ciboulette tranchée, divisée

 5 minutes

 15 minutes

 2 personnes

Préparation :

ÉTAPE 1

Porter une casserole d'eau à ébullition.

Pendant ce temps, dans une autre poêle, faire cuire le bacon à feu moyen-doux, en remuant fréquemment jusqu'à ce qu'il soit légèrement croustillant, 3 à 4 minutes. Retirer et mettre de côté, en réservant environ 2 cuillères à soupe de graisse dans la poêle.

ÉTAPE 2

Ajouter le kimchi haché à la graisse de bacon et le faire sauter à feu moyen jusqu'à ce qu'il soit ramolli et légèrement caramélisé, 3 à 4 minutes. Retirer du feu et mettre de côté avec le bacon.

L'eau devrait maintenant être en train de bouillir. Ajouter les nouilles dans la casserole et les faire cuire selon les instructions de l'emballage

ÉTAPE 3

Pendant que les nouilles cuisent, fouetter les œufs, le fromage et le poivre noir dans un bol jusqu'à ce qu'ils soient combinés.

Lorsque les nouilles ont fini de cuire, utilisez une tasse à café munie d'une anse pour réserver environ une tasse d'eau pour les pâtes.

Maintenant, vous allez devoir travailler rapidement ! Égouttez les nouilles et ajoutez-les dans le bol avec les œufs, en mélangeant rapidement pour que les œufs ne se brouillent pas.

ÉTAPE 4

Une fois le tout combiné, ajoutez environ 85 ml d'eau, ainsi que le mélange kimchi-bacon cuit. Mélangez soigneusement jusqu'à ce que la sauce se forme - elle doit être épaisse et crémeuse.

Ajoutez quelques tours de poivre noir et du parmesan selon votre goût. Répartir la sauce dans deux bols de service et garnir d'oignons verts hachés si nécessaire. Servir immédiatement.

Dégustation :

: Ingrédients

- 2 bonnes tranches de bacon épaisses, coupées en lanières
- 250 g de kimchi bien fermenté, haché
- 230 g de nouilles ramen fraîches
- 2 gros œufs bio sans cage
- 60 g de parmesan, râpé, et plus pour la garniture
- Poivre noir fraichement moulu
- Échalotes hachées, facultatif

Gratin de kimchi crémeux

 *20 minutes*

 *40 minutes*

4 personnes

Préparation :

ÉTAPE 1

Chauffez le four à 200°C en mode ventilé et placez une grille dans la partie centrale-supérieure. Si vous utilisez du kimchi entier, retirez la tige et coupez en segments de 1 pouce de long. Placez le kimchi dans un grand bol. Si le kimchi a un goût très sucré et pas assez acide (typique du kimchi acheté en magasin), vous pouvez ajouter du piquant en ajoutant une cuillère à soupe de vinaigre blanc distillé.

ÉTAPE 2

Dans une casserole moyenne, à feu moyen, mélanger les anchois avec leur huile et le poivre noir. Faites cuire en appuyant sur les anchois jusqu'à ce qu'ils soient brisés et légèrement dorés. Éteignez le feu et incorporez la crème épaisse, le yaourt, l'ail, la noix de muscade et 280 g de fromage.

ÉTAPE 3

Mélanger environ les trois quarts du mélange d'anchois au kimchi jusqu'à ce qu'il soit bien combiné, puis transférer dans un ramequin ou un plat de cuisson de 2½ à 3 pintes. Ajouter 40 g de fromage restante et le jalapeño haché au mélange d'anchois restant dans la casserole moyenne jusqu'à ce qu'ils soient combinés, puis mettre de côté. Faites cuire le gratin pendant environ 35 minutes, jusqu'à ce qu'il bouillonne

ÉTAPE 4

Mettez le four en mode gril à température élevée. Retirez le plat de cuisson du four, puis versez le mélange de fromage réservé sur le dessus, saupoudrez de gochugaru et râpez un peu plus de noix de muscade sur le dessus. Parsemez de feuilles de shiso, d'oignons verts ou de feuilles de fenouil (si vous en utilisez). Passez sous le gril pendant 5 minutes et, une fois que le fromage a fondu, arrosez la surface avec l'huile de sésame grillée et remettez sous le gril pendant 1 à 2 minutes supplémentaires, jusqu'à ce que le fromage soit bruni. Servir immédiatement.

Dégustation :

: Ingrédients

- 850 grammes de kimchi, légèrement égoutté et emballé en vrac
- 8 anchois à l'huile, plus 1 cuillère à soupe de leur huile
- 1 1/4 cuillère à café de poivre noir fraîchement moulu
- 227 g de crème épaisse
- 180 g de yaourt nature au lait entier
- 7 gousses d'ail, râpées
- 1/4 cuillère à café de noix de muscade fraîchement râpée, plus pour le service
- 320 g de mélange de fromages râpés de style mexicain, divisés
- 48 grammes de jalapeños marinés hachés
- 1 à 2 cuillères à café de gochugaru, selon votre préférence de chaleur
- 5 feuilles de shiso frais, ou 3 oignons verts, ou une poignée de feuilles de fenouil, finement tranchées (facultatif)
- 2 cuillères à café d'huile de sésame grillé

 *20 minutes*

 *5 h*

 *6 personnes*

Préparation :

: Ingrédients

- 1 L d'eau
- 200g de radis blanc asiatique
- 40g de ciboule émincée
- 15 g d'ail haché
- 15 ml de sauce de poisson coréenne
- 1 chou chinois (environ 1 kg)
- 120g + 20g de sel marin
- 20-35g de gochu-garu (flocons de piment coréen)
- 3g de gingembre finement haché
- 3 cuillères à café de sucre

ÉTAPE 1

Taillez le chou en morceaux de 3 à 4 cm en en réservant une feuille entière. Dans un grand bol, faites fondre 120 g de sel dans l'eau et laissez-y le chou coupé et la feuille entière pendant environ 3 heures. Remuez 2 ou 3 fois entre-temps. Rincez à l'eau claire 3 fois. Placez le chou dans une passoire et laissez-le s'égoutter 30 minutes.

ÉTAPE 2

Epluchez le radis et coupez en carrés de 3x3 cm, 5 mm d'épaisseur. Mettez-le dans un grand bol, mélangez avec 20 g de sel, tassez. Laissez 30 minutes en retournant 1 ou 2 fois. Versez-le dans une passoire et laissez-les s'égoutter une dizaine de minutes.

ÉTAPE 3

Dans un grand bol, mettez le chou et le radis égouttés, ajoutez l'ail, le gingembre, le piment, la sauce de poisson et le sucre, mélangez-les. Ajoutez la ciboule et mélangez délicatement. Stockez la préparation, sauf la feuille entière, dans le bocal en appuyant de temps en temps. Le chou doit le remplir 70-80%. Couvrez avec la feuille entière, coupez-la si c'est trop grand. Appuyez pour chasser l'air. Fermez hermétiquement le contenant.

ÉTAPE 4

Faites démarrer la fermentation en laissant un jour en été, deux jours en hiver, à température ambiante, puis placez le bocal au réfrigérateur entre 4-6°c. Dès le 5 ou 6ème jour, l'acidité, ce goût typique de la fermentation, commence à se développer. La durée et la vitesse de la fermentation peuvent varier selon la température environnante et votre préférence de goût. L'acidité devient de plus en plus prononcée avec le temps. Vous pouvez conserver ce kimchi plusieurs semaines ou plusieurs mois, voire plus.

Dégustation :

Kimchi de chou de bruxelles

 0 minute

 15 minutes

 4 personnes

Préparation :

ÉTAPE 1

Laissez fondre le gros sel dans l'eau. Rincez les choux, retirez les premières feuilles et coupez la base. Coupez les choux en quatre, mettez-les dans une bassine et versez l'eau salée, mélangez bien. Laissez reposer 1h en remuant de temps en temps.

ÉTAPE 2

Coupez les carottes en julienne, mélangez-les avec l'ail et le gingembre pelés et hachés, le sucre, le piment et le nuoc-mâm.
Rincez les choux de Bruxelles à l'eau claire et laissez-les égoutter dans une passoire 10 mn.

ÉTAPE 3

Mélangez les choux avec la préparation pimentée et les oignons nouveaux pelés et émincés. Remplissez 4 bocaux en verre en tassant bien pour qu'il y ait le moins d'air possible et fermez.

ÉTAPE 4

Laissez reposer 2 jours à température ambiante, puis conservez au frais. Plus vous garderez le kimchi longtemps, plus il va devenir acide.

: Ingrédients

- 1 kg de choux de Bruxelles
- 120 g de gros sel
- 50 cl d'eau
- 250 g de carottes
- 3 gousses d'ail
- 10 g de gingembre
- 20 g de flocons de piment
- 2 cl de nuoc-mâm
- 2 cuillère(s) à soupe de sucre
- 4 oignons nouveaux

Dégustation :

 *5 minutes*

 *15 minutes*

 *2 personnes*

Préparation :

ÉTAPE 1
Couper le kimchi en lanières de la taille d'une bouchée. Mesurez environ 1 1/2 C de kimchi coupé (plus ou moins au goût) et 2 C de reste de riz.

ÉTAPE 2
Si vous souhaitez ajouter des œufs à votre riz frit, faites-les d'abord cuire. Ajoutez simplement un peu d'huile (1 cuillère à café) et un œuf dans la poêle, cassez-le et faites cuire jusqu'à ce qu'ils soient cuits. Mettre de côté.

ÉTAPE 3
Faites chauffer 2 cuillères à soupe d'huile dans une poêle à feu moyen-vif. Ajouter le kimchi, le sucre et le gochujang et faire sauter pendant 5 min. ou jusqu'à ce que le kimchi devienne mou et légèrement translucide. Omettez le gochujang ou utilisez-en moins pour le rendre moins épicé.

ÉTAPE 4
Baisser le feu à doux et ajouter le riz dans la poêle. Casser et presser le riz avec une spatule ou une cuillère pour le mélanger avec le kimchi.

ÉTAPE 5
Une fois que le kimchi et le riz sont mélangés, ajoutez l'œuf brouillé. Goûtez un peu de riz - vous pouvez ajouter plus de riz s'il est trop salé ou épicé. Assurez-vous d'ajouter un peu plus d'huile si vous ajoutez plus de riz.

ÉTAPE 6
Ajouter les graines de sésame grillées et les morceaux déchirés d'algues/nori grillés au mélange de riz. Utilisez des algues grillées (kim) nature, non salées et séchées si vous le pouvez. Les algues rôties avec de l'huile et du sel peuvent rendre le riz frit trop salé, alors faites attention de ne pas en mettre trop. Augmentez le feu à moyen et laissez-le sans le retourner pendant 3-4 min pour que la partie inférieure soit un peu brûlée.

Dégustation :

: Ingrédients

- 2 tasses de riz cuit (les restes de riz froid sont les meilleurs)
- Une 1/2 tasse de vieux kimchi
- 2 cuillères à soupe d'huile de colza ou végétale
- 1-2 cuillères à café de pâte de piment rouge coréen
- 1 cuillère à café de sucre
- 1 cuillère à café de graines de sésame grillées
- 1 feuille d'algues séchées ou de nori
- 1 œuf (facultatif)

 *10 minutes*

 *25 minutes*

2 personnes

Poke Bowl classique

BONUS

Préparation :

ÉTAPE 1

Mettez le riz dans un petit bol. Couvrir d'eau froide et masser avec les mains pour enlever l'amidon. Egouttez et mettez le riz dans une petite casserole avec un couvercle hermétique. Couvrez d'une épaisseur de doigt d'eau froide et laissez mijoter à feu moyen avec le couvercle pendant 10 minutes. Retirez du feu et laissez cuire à la vapeur avec le couvercle pendant 15 minutes supplémentaires, puis incorporez le vinaigre de riz.

ÉTAPE 2

Pendant ce temps, mélangez la mayonnaise avec le shichimi togarashi dans un petit bol et mettez de côté. Placez le thon sur une planche à découper, coupez-le en cubes d'environ 1 cm de côté, puis saupoudrez-le généreusement de sel marin en paillettes.

ÉTAPE 3

Dans un grand bol, mélangez l'huile de sésame, la sauce soja, le jus de citron vert et les flocons de piment. Ajoutez les morceaux de thon et remuez bien, afin que chaque morceau soit enrobé de la sauce.

ÉTAPE 4

Pour assembler, mettez un monticule de riz dans deux bols. Garnissez chacun d'un demi-avocat, du thon et de la sauce, de tomates cerises et de nori. Saupoudrez les noix hachées et les oignons de printemps, et terminez avec une cuillerée de mayonnaise épicée.

: Ingrédients

- 120g de riz à sushi
- 2 cuillères à café de vinaigre de vin de riz
- 4 cuillères à soupe de mayonnaise
- 1 cuillère à café de shichimi togarashi
- 200 g de thon frais de qualité sushi (demandez à votre poissonnier la tranche la plus épaisse possible)
- 1 cuillère à soupe d'huile de sésame
- 2 cuillères à soupe de sauce soja
- jus de ½ citron vert, plus 2 quartiers pour servir
- 1-2 cuillères à café de flocons de piment
- 1 avocat, coupé en deux et en tranches
- 10 tomates cerises (environ 100 g), coupées en deux
- 1 feuille de nori, coupée en morceaux
- 30g de noix de macadamia, grossièrement hachées
- 2 oignons nouveaux, finement coupés en diagonale

Dégustation :

Poke Bowl crevettes et céréales

BONUS

 15 minutes

 pas de cuisson

2 personnes

Préparation :

ÉTAPE 1
Fouettez le jus de citron vert, le piment et l'huile dans un bol. Assaisonnez, ajoutez les crevettes et laissez mariner pendant 10 minutes.

ÉTAPE 2
Pendant ce temps, mettez les grains dans une passoire et versez-les dans l'eau chaude de la bouilloire pour les ramollir légèrement. Egouttez-les bien.

ÉTAPE 3
Répartissez les céréales dans deux bols. Garnissez-les des crevettes marinées, de l'avocat, des radis, de la mangue et des oignons nouveaux. Arrosez les restes de marinade et servez les bols de poke avec un peu de graines de sésame, si vous le souhaitez.

: Ingrédients

- 3 citrons verts, avec leur jus
- 1 piment rouge, épépiné et finement haché
- 2 cuillères à soupe d'huile de sésame
- 150g de crevettes royales cuites
- 250g de céréales mélangées en sachet (ou 250g de céréales mélangées cuites)
- 1 avocat mûr, dénoyauté et coupé en cubes
- 6 radis, coupés en tranches
- 100g de mangue, pelée et coupée en dés
- 3 oignons nouveaux, coupés en tranches
- Pincée de graines de sésame, pour servir (facultatif)

Dégustation :

Burrito bowls de crevettes au piment et au citron vert

BONUS

15 minutes

1h marinade

2 personnes

Préparation :

ÉTAPE 1

Mélangez l'oignon rouge avec le vinaigre, le sucre et une pincée de sel. Couvrez et laissez mariner pendant au moins 1 heure ou toute la nuit. Pour préparer les crevettes, mélangez la pâte de chipotle, le miel, le zeste et le jus de citron vert et l'huile, puis incorporez les crevettes jusqu'à ce qu'elles soient enrobées du mélange.

ÉTAPE 2

Mettez les restes de riz dans un grand bol et mélangez-les avec le zeste et le jus de citron vert, la plupart des oignons nouveaux et les haricots rouges. Assaisonnez légèrement. Répartissez le mélange dans deux bols peu profonds.

ÉTAPE 3

Garnissez le riz avec les oignons rouges marinés, les crevettes épicées, le maïs doux, les tranches d'avocat, le reste des oignons nouveaux et les tomates. Déposez la crème fraîche sur le dessus, puis servez avec la coriandre et un soupçon de flocons de piment, si vous le voulez épicé. Servez les quartiers de citron vert supplémentaires sur le côté pour les presser dessus, si vous le souhaitez.

: Ingrédients

POKE BOWL :

- 1 oignon rouge, finement émincé
- 2 cuillères à soupe de vinaigre de cidre de pomme
- ½ cuillère à café de sucre semoule
- 250g de restes de riz cuit
- 1 citron vert, zeste et jus, plus des quartiers de citron vert pour servir (facultatif)
- 4 oignons nouveaux, finement émincés
- 400 g de haricots rouges en boîte, égouttés et rincés
- 200 g de maïs doux en boîte, égoutté
- 1 avocat, dénoyauté, pelé et coupé en tranches
- 2 grosses tomates, finement coupées
- 2 cuillères à soupe de crème fraîche allégée
- ½ petite botte de coriandre, grossièrement hachée
- ½ cuillère à café de piment en poudre

CREVETTES :

- 2 cuillères à café de pâte de chipotle
- ½ cuillère à café de miel
- 1 citron vert, zeste et jus
- 1 cuillère à café d'huile d'olive
- 125 g de crevettes royales cuites

Dégustation :

Poke Bowl aux choux de Bruxelles

BONUS

 10 minutes

 35 minutes

2 personnes

Préparation :

ÉTAPE 1
Chauffer le four à 200°C. Mélanger la courge dans la moitié de l'huile sur une extrémité d'une plaque de cuisson. Assaisonnez. Faites rôtir pendant 20 minutes, en remuant à mi-cuisson. Ajoutez les pousses à l'autre extrémité de la plaque, arrosez avec le reste de l'huile, assaisonnez et faites rôtir pendant 15 minutes supplémentaires jusqu'à ce que la courge soit tendre et les pousses croustillantes.

ÉTAPE 2
Mélangez le tahini, le sirop d'érable, le jus et le zeste de citron dans un petit bol pour faire une vinaigrette, en ajoutant un filet d'eau pour la détendre si elle est trop épaisse. Faites griller les graines de courge dans une poêle sèche à feu doux jusqu'à ce qu'elles commencent à éclater.

ÉTAPE 3
Faites chauffer les céréales en suivant les instructions du paquet, puis répartissez-les dans deux bols. Garnissez-les de légumes rôtis, de houmous, de graines de citrouille et d'herbes. Arrosez avec la vinaigrette et mélangez le tout juste avant de servir.

: Ingrédients

- ½ courge butternut (environ 300g), pelée et coupée en cubes de 2cm de côté
- 1 cuillère à soupe d'huile d'olive
- 170g de choux de Bruxelles, coupés en deux
- 1 cuillère à soupe de tahini
- 2 cuillères à café de sirop d'érable
- 1 citron, zeste et jus
- 50g de graines de potiron
- 200g de céréales cuites en sachet (nous avons utilisé du quinoa)
- 2 cuillères à soupe de houmous
- Une poignée d'herbes douces (coriandre, persil, menthe ou aneth, ou un mélange), grossièrement hachées.

Dégustation :

Poke Bowl pois chiches, épinards au beurre d'amande

BONUS

5 minutes

20 minutes

2 personnes

Préparation :

ÉTAPE 1

Faites chauffer de l'huile dans une poêle à feu moyen et faites frire les oignons pendant 5 minutes. Ajoutez 50ml d'eau et laissez cuire pendant 7 minutes supplémentaires jusqu'à ce qu'ils soient dorés. Ajoutez l'ail et le gingembre.

ÉTAPE 2

Mélangez la coriandre, le cumin, le curcuma, le fenugrec et le poivre avec 2 cuillères à soupe d'eau, et versez le tout dans la poêle. Faites cuire pendant 5 minutes de plus, puis incorporez les pois chiches.

ÉTAPE 3

Incorporez le bouillon et le beurre d'amande, puis ajoutez les épinards et poursuivez la cuisson pendant 3 à 5 minutes, jusqu'à ce que les épinards soient fanés. Servez sur du riz.

: Ingrédients

- huile végétale, pour la friture
- 1 gros oignon, finement haché
- 3 gousses d'ail, écrasées
- 2,5cm de gingembre, pelé et râpé
- 1 cuillère à café de coriandre moulue
- 2 cuillères à café de cumin moulu
- 1 cuillère à café de curcuma moulu
- ½ cuillère à café de fenugrec
- 400g de pois chiches en boîte, égouttés et rincés
- 300ml de bouillon de légumes
- 2 cuillères à soupe de beurre d'amande non salé
- 200g d'épinards, grossièrement hachés
- riz cuit, pour servir

Dégustation :

49 Recette :

🕐 minutes

minutes

personnes

Préparation :

Ingrédients :

-
-
-
-
-
-
-
-
-
-
-
-
-
-
-
-
-
-
-
-
-
-

NOTES PERSO :

Dégustation :

50   Recette :

🕐 minutes

minutes

personnes

Préparation :

Ingrédients :

-
-
-
-
-
-
-
-
-
-
-
-
-
-
-
-
-
-
-
-
-

NOTES PERSO :

Dégustation :

51   Recette :

🕐 minutes
⏲ minutes
🍴 personnes

Préparation :

Ingrédients :

-
-
-
-
-
-
-
-
-
-
-
-
-
-
-
-
-
-
-
-
-
-
-

Dégustation :

☆☆☆☆☆

52 Recette :

🕐 minutes

♨ minutes

🍴 personnes

Préparation :

Ingrédients :

-
-
-
-
-
-
-
-
-
-
-
-
-
-
-
-
-
-
-
-
-

NOTES PERSO :

Dégustation :

53 Recette :

🕐 minutes
🍲 minutes
🍴 personnes

Préparation :

Ingrédients :

-
-
-
-
-
-
-
-
-
-
-
-
-
-
-
-
-
-
-
-
-

NOTES PERSO :

Dégustation :

☆☆☆☆☆

54 Recette :

⏱ minutes

🍲 minutes

🍴 personnes

Préparation :

Ingrédients :

-
-
-
-
-
-
-
-
-
-
-
-
-
-
-
-
-
-
-
-
-

NOTES PERSO :

Dégustation :

55 Recette :

🕐 minutes

minutes

personnes

Préparation :

Ingrédients :

-
-
-
-
-
-
-
-
-
-
-
-
-
-
-
-
-
-
-
-
-
-

NOTES PERSO :

Dégustation :

56 Recette :

 minutes

 minutes

 personnes

Préparation :

Ingrédients :

-
-
-
-
-
-
-
-
-
-
-
-
-
-
-
-
-
-
-
-

NOTES PERSO :

Dégustation :

57 Recette :

⏱ minutes
♨ minutes
🍴 personnes

Préparation :

Ingrédients :

-
-
-
-
-
-
-
-
-
-
-
-
-
-
-
-
-
-
-
-
-
-
-

NOTES PERSO :

Dégustation :

☆☆☆☆☆

58   Recette :

 minutes

 minutes

 personnes

Préparation :

Ingrédients :

-
-
-
-
-
-
-
-
-
-
-
-
-
-
-
-
-
-
-
-
-
-

NOTES PERSO :

Dégustation :

59 Recette :

○ _minutes_

○ _minutes_

○ _personnes_

Préparation :

Ingrédients :

-
-
-
-
-
-
-
-
-
-
-
-
-
-
-
-
-
-
-
-
-

Dégustation :

☆☆☆☆☆

60 Recette :

🕐 minutes
🍲 minutes
🍴 personnes

Préparation :

Ingrédients :

-
-
-
-
-
-
-
-
-
-
-
-
-
-
-
-
-
-
-
-

NOTES PERSO :

Dégustation :

61   Recette :

Préparation :

Ingrédients :

-
-
-
-
-
-
-
-
-
-
-
-
-
-
-
-
-
-
-
-
-

NOTES PERSO :

Dégustation :

62   Recette :

 minutes

 minutes

personnes

Préparation :

Ingrédients :

-
-
-
-
-
-
-
-
-
-
-
-
-
-
-
-
-
-
-
-

 NOTES PERSO :

Dégustation :

☆☆☆☆☆

63 Recette :

🕐 minutes

🍲 minutes

🍴 personnes

Préparation :

Ingrédients :

-
-
-
-
-
-
-
-
-
-
-
-
-
-
-
-
-
-
-
-
-
-
-

NOTES PERSO :

Dégustation :

64 Recette :

- minutes
- minutes
- personnes

Préparation :

Ingrédients :

-
-
-
-
-
-
-
-
-
-
-
-
-
-
-
-
-
-
-
-
-
-

NOTES PERSO :

Dégustation :

☆☆☆☆☆

65 Recette :

minutes

minutes

personnes

Préparation :

Ingrédients :

-
-
-
-
-
-
-
-
-
-
-
-
-
-
-
-
-
-
-
-
-

NOTES PERSO :

Dégustation :

66 Recette :

minutes

minutes

personnes

Préparation :

Ingrédients :

-
-
-
-
-
-
-
-
-
-
-
-
-
-
-
-
-
-
-
-
-

NOTES PERSO :

Dégustation :

67 Recette :

 minutes

minutes

personnes

Préparation :

Ingrédients :

-
-
-
-
-
-
-
-
-
-
-
-
-
-
-
-
-
-
-
-
-
-
-

NOTES PERSO :

Dégustation :

68 Recette :

🕐 minutes
🍲 minutes
🍴 personnes

Préparation :

Ingrédients :

-
-
-
-
-
-
-
-
-
-
-
-
-
-
-
-
-
-
-
-
-

NOTES PERSO :

Dégustation :

69 Recette :

- minutes
- minutes
- personnes

Préparation :

Ingrédients :

-
-
-
-
-
-
-
-
-
-
-
-
-
-
-
-
-
-
-
-
-

NOTES PERSO :

Dégustation :

☆☆☆☆☆

70   Recette :

minutes

minutes

personnes

Préparation :

Ingrédients :

-
-
-
-
-
-
-
-
-
-
-
-
-
-
-
-
-
-
-
-
-
-
-

NOTES PERSO :

Dégustation :

71 Recette :

- minutes
- minutes
- personnes

Préparation :

Ingrédients :

-
-
-
-
-
-
-
-
-
-
-
-
-
-
-
-
-
-
-
-
-
-

NOTES PERSO :

Dégustation :

72 Recette :

🕐 minutes

minutes

personnes

Préparation :

Ingrédients :

-
-
-
-
-
-
-
-
-
-
-
-
-
-
-
-
-
-
-
-

NOTES PERSO :

Dégustation :

73 Recette :

⏱ minutes

🍲 minutes

🍴 personnes

Préparation :

Ingrédients :

-
-
-
-
-
-
-
-
-
-
-
-
-
-
-
-
-
-
-
-
-

NOTES PERSO :

Dégustation :

74 Recette :

 minutes

 minutes

🍴 personnes

Préparation :

Ingrédients :

-
-
-
-
-
-
-
-
-
-
-
-
-
-
-
-
-
-
-
-

NOTES PERSO :

Dégustation :

75 Recette :

 minutes

 minutes

III personnes

Préparation :

Ingrédients :

-
-
-
-
-
-
-
-
-
-
-
-
-
-
-
-
-
-
-
-
-
-

Dégustation :

☆☆☆☆☆

76 Recette :

 minutes

minutes

personnes

Préparation :

Ingrédients :

-
-
-
-
-
-
-
-
-
-
-
-
-
-
-
-
-
-
-
-
-
-

NOTES PERSO :

Dégustation :

77 Recette :

minutes

minutes

personnes

Préparation :

Ingrédients :

-
-
-
-
-
-
-
-
-
-
-
-
-
-
-
-
-
-
-
-
-

NOTES PERSO :

Dégustation :

☆☆☆☆☆

78 Recette :

 minutes

 minutes

🍴 personnes

Préparation :

Ingrédients :

-
-
-
-
-
-
-
-
-
-
-
-
-
-
-
-
-
-
-
-
-

NOTES PERSO :

Dégustation :

79 Recette :

minutes

minutes

personnes

Préparation :

Ingrédients :

-
-
-
-
-
-
-
-
-
-
-
-
-
-
-
-
-
-
-
-
-

Dégustation :

☆☆☆☆☆

80   Recette :

 minutes

 minutes

personnes

Préparation :

Ingrédients :

-
-
-
-
-
-
-
-
-
-
-
-
-
-
-
-
-
-
-
-
-
-

NOTES PERSO :

Dégustation :

81 Recette :

 minutes

minutes

personnes

Préparation :

Ingrédients :

-
-
-
-
-
-
-
-
-
-
-
-
-
-
-
-
-
-
-
-
-
-

NOTES PERSO :

Dégustation :

82 Recette :

- minutes
- minutes
- personnes

Préparation :

Ingrédients :

-
-
-
-
-
-
-
-
-
-
-
-
-
-
-
-
-
-
-
-
-
-
-

NOTES PERSO :

Dégustation :

☆☆☆☆☆

83 Recette :

 minutes

 minutes

III personnes

Préparation :

Ingrédients :

-
-
-
-
-
-
-
-
-
-
-
-
-
-
-
-
-
-
-
-
-
-

NOTES PERSO :

Dégustation :

84   Recette :

⏱ minutes

🍲 minutes

🍴 personnes

Préparation :

Ingrédients :

-
-
-
-
-
-
-
-
-
-
-
-
-
-
-
-
-
-
-
-
-
-

NOTES PERSO :

Dégustation :

☆☆☆☆☆

85 Recette :

 minutes

 minutes

||| personnes

Préparation :

Ingrédients :

-
-
-
-
-
-
-
-
-
-
-
-
-
-
-
-
-
-
-
-
-
-

NOTES PERSO :

Dégustation :

☆☆☆☆☆

86 Recette :

 minutes

minutes

personnes

Préparation :

Ingrédients :

-
-
-
-
-
-
-
-
-
-
-
-
-
-
-
-
-
-
-
-
-
-

NOTES PERSO :

Dégustation :

87   Recette :

minutes

minutes

personnes

Préparation :

Ingrédients :

-
-
-
-
-
-
-
-
-
-
-
-
-
-
-
-
-
-
-
-
-

NOTES PERSO :

Dégustation :

☆☆☆☆☆

88 Recette :

 minutes

 minutes

personnes

Préparation :

Ingrédients :

-
-
-
-
-
-
-
-
-
-
-
-
-
-
-
-
-
-
-
-
-

Dégustation :

☆☆☆☆☆☆